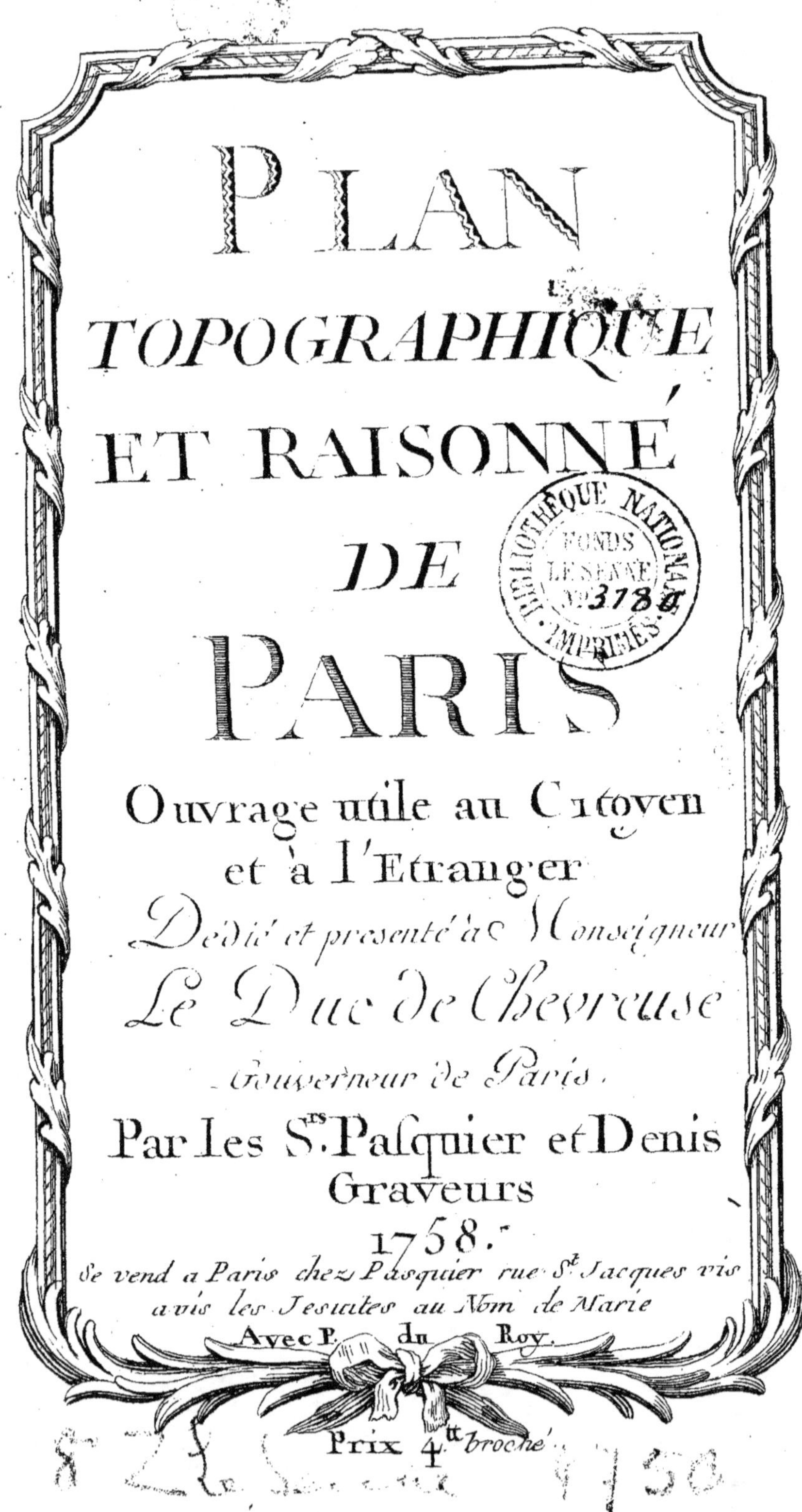

PLAN TOPOGRAPHIQUE ET RAISONNÉ DE PARIS

Ouvrage utile au Citoyen et à l'Etranger

Dédié et presenté à Monseigneur

Le Duc de Chevreuse

Gouverneur de Paris.

Par les S.rs Pasquier et Denis Graveurs

1758.

Se vend a Paris chez Pasquier rue S.t Jacques vis avis les Jesuites au Nom de Marie

Avec P. du Roy.

Prix 4 tt *broché*

à Monseigneur

Marie Charles Louis d'Albert
DUC DE CHEVREUSE
Prince de Neufchatel et Vallengin
en Suiße et d'Orange, &c.
Lieutenant General des Armées du ROY
Colonel General des Dragons
Gouverneur et Lieutenant General p.r le ROY
de la Ville Prevoté et Vicomté de Paris.

Monseigneur

Le plan raisonné de la Ville de Paris
devoit naturellement paroître sous vos

auspices, un ouvrage destiné à faire connoître les monumens qui la decorent et les chefs-d'oeuvres qui l'enrichissent, est un legitime hommage rendu à celui qui par son discernement est en état d'en sentir tout le prix; et qui dans la place qu'il occupe sçait descendre jusqu'aux moindres détails qui peuvent interesser la gloire de cette Capitale.

Nous n'avons epargné ni nos soins ni nos peines pour perfectionner une entreprise dont l'etranger avec le françois partage l'utilité: quel titre peut mieux prevenir en notre faveur que de faire connoître que vous avez daigné vous même nous tracer la route que nous devions suivre? vous avez permis que l'ouvrage vous fut consacré, et vos suffrages qui sont notre premiére recompense, sont un présage assuré de ceux du public. nous sommes avec respect

Monseigneur

de Vôtre GRANDEUR

Les très-humbles Serviteurs
L. Denis et J.J. Pasquier.

Préface

Ce n'est point icy un ouvrage de genie, n'y d'erudition, dont il soit necessaire de relever les avantages par des discussions infinies. l'objet du Plan raisonné que nous presentons, est aussy naturel, que clair.: On ne l'a entrepris que pour diriger dans sa route l'Etranger, et tout homme qui ne connoit point assés son Paris, on veut que sans autre guide il puisse parcourir la Ville, passer d'un Quartier à un autre, reconnoître les monuments anciens, ou modernes qui meritent son attention, se procurer un logement commode, et a portée de ses affaires, s'y trouver en un mot en arrivant, comme s'il y avoit toujours vécu: C'est par cette raison qu'on a distribué le Plan général et Géographique qui se trouve a la tête de cet ouvrage en autant de carrés qu'il y a de planches gravées dans le Livre. On y a donné une idée très succinte des principaux Edifices sacrés et profanes, on y trouvera les principaux Hotels; Hotels garnis, places de Carosse, Places et Voitures publiq.; Boetes à Lettres, Hopitaux &c. tel est le precis de cet ouvrage qui pourra devenir plus utile si les Citoyens connoisseurs veulent bien nous communiquer leurs idées et nous faire part de leurs reflexions. on peut au reste assurer qu'on a rien oublié pour que le Plan fut très exacts et nous ne craignons point la comparaison qu'on peut en faire avec ce que nous avons de mieux en ce Genre.

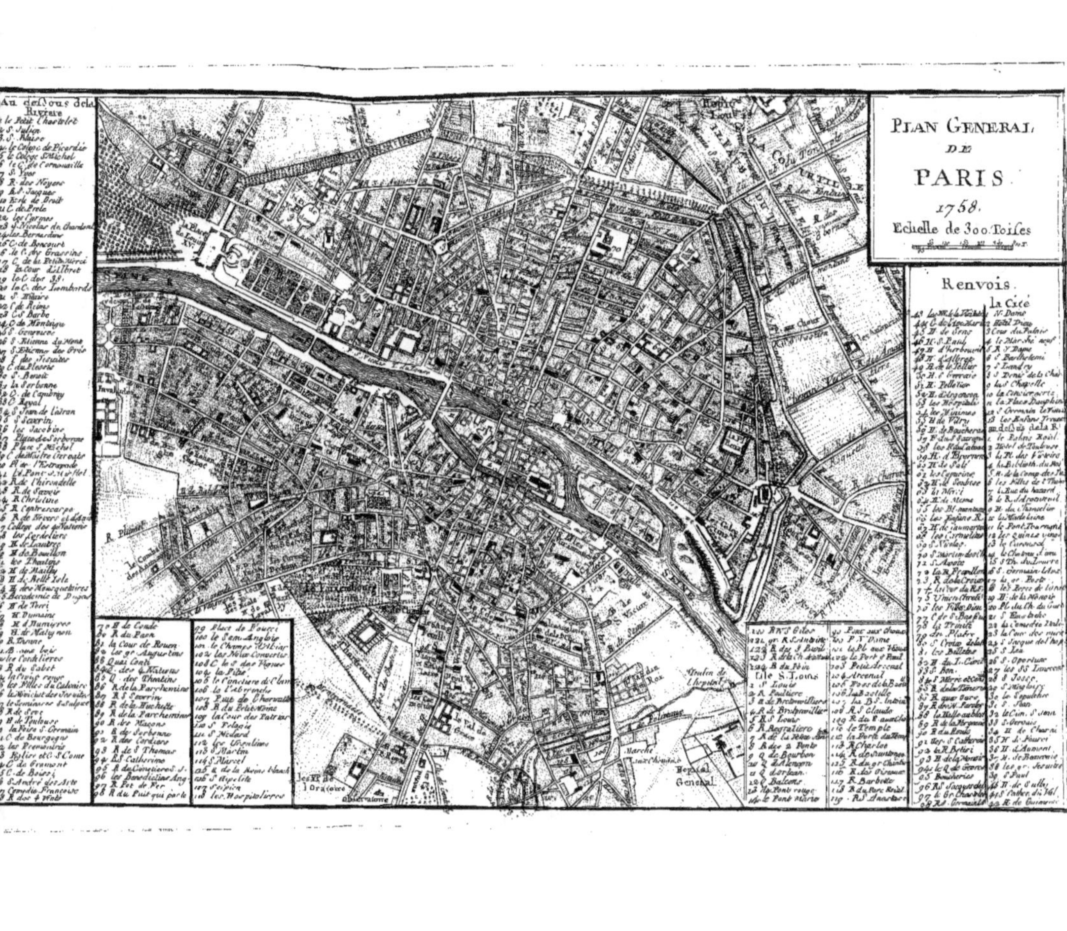

PLAN GENERAL DE PARIS.
1758.
Echelle de 300 Toises
Renvois
La Cité
Ile S. Louis
Au dessous de la Riviere

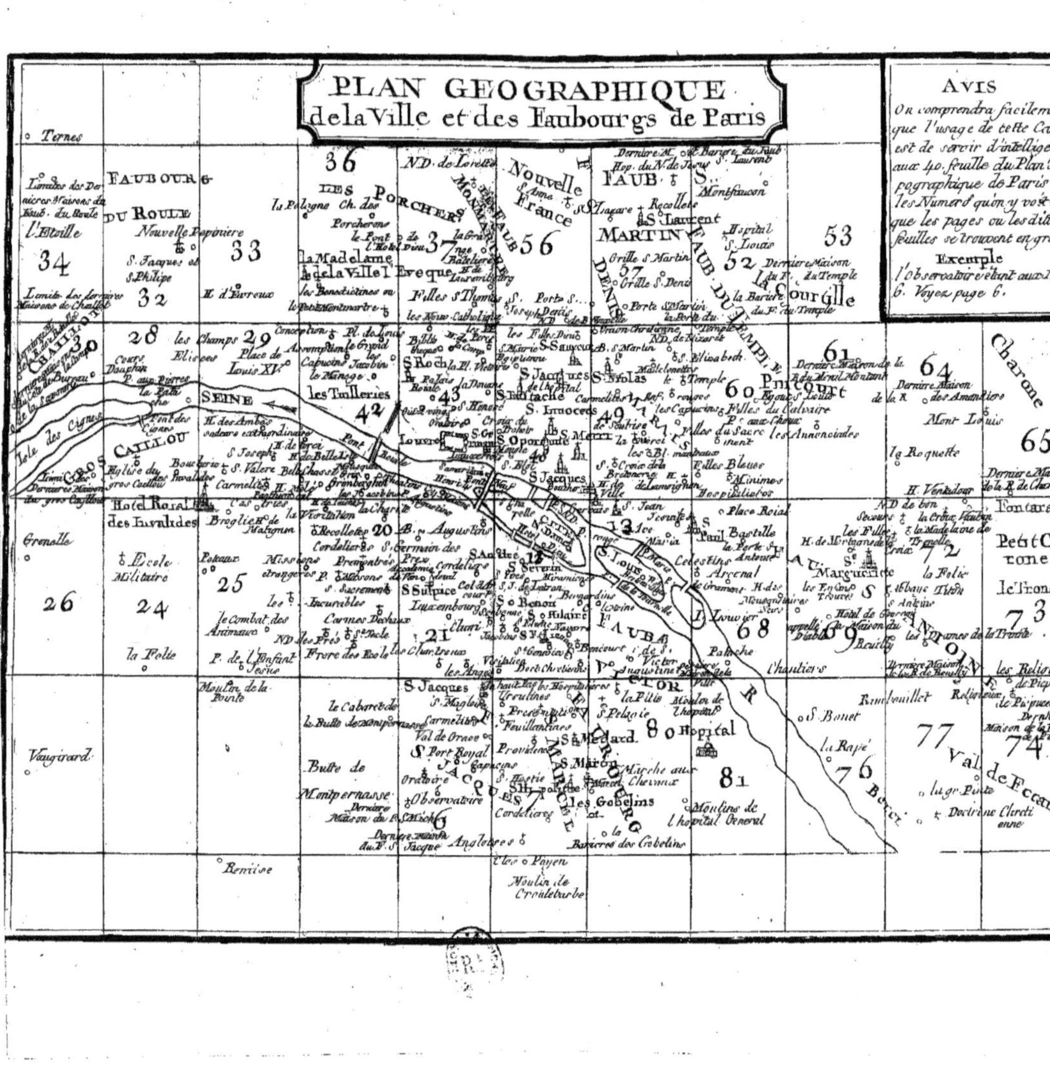
PLAN GEOGRAPHIQUE
de la Ville et des Fauxbourgs de Paris
AVIS
On comprendra facileme
que l'usage de cette Ca
est de servir d'intelligen
aux 40. feuille du Plan To
pographique de Paris.
les Numeros qu'on y voit n
que les pages ou les ditte
feuilles se trouvent en gra
Exemple
l'observatoire etant aux N
6. Voyez page 6.
Ternes
FAUBOURG
DU ROULE
L'Etoille
Nouvelle Pepiniere
S. Jacques et S. Philipe
H. d'Evreux
LES PORCHERONS
la Pologne
La Madelaine
de la Ville l'Eveque
Nouvelle France
FAUB. S. MARTIN
S. Laurent
Montfaucon
Hopital S. Louis
la Courtille
CHAILLOT
les Champs Elisees
Place de Louis XV.
Cours Dauphin
Capucins
les Jacobins
le Manege
les Tuilleries
S. Roch
Palais Royal
la Douane
S. Jacques de l'Hopital
S. Eustache
S. Innocens
SEINE
Isle des Cignes
GROS CAILLOU
Eglise du gros Caillou
Louvre
S. Merri
Filles du Sacre ment
les Annonciades
Popincourt
Dernier Maison
des Amandiers
Mont Louis
Charonne
la Roquette
H. Venkidour
Hotel Royal des Invalides
Grenelle
Ecole Militaire
Broglie
H. de Matignon
Missions etrangeres
Recollets
Cordeliers
S. Germain des Prez
S. Sulpice
Luxembourg
Carmes Dechaux
Chartreux
S. Severin
Ste Genevieve
S. Etienne
S. Benoit
S. Hilaire
FAUB. S. VICTOR
S. Victor
Augustines
Place Roial
Bastille
Arcenal
Celestins
S. Paul
FAUB. S. ANTOINE
S. Marguerite
Reuilly
Petit Charonne
le Trone
Vaugirard
le Combat des Animaux
la Folie
Moulin de la Pointe
le Cabaret de la Butte de Monparnasse
Butte de Montpernasse
S. Jacques
Val de Grace
Port Royal
Capucins
l'Observatoire
FAUB. S. JACQUES
FAUB. S. MARCEL
S. Medard
Hopital
les Gobelins
Moulins de l'hopital General
Marche aux Chevaux
la Rape
Berci
Rambouillet
Val de Fecamp
Doctrine Chreti enne
Remise
Moulin de Croulebarbe
Bariere des Gobelins
Anglaises
34
32
33
36
37
56
57
52
53
28
29
30
42
43
48
49
60
61
64
65
26
24
25
20
21
13
12
68
69
72
73
76
77
74
80
81
6
7

DESCRIPTION — ABREGÉE
DE LA VILLE DE PARIS.

Cette Ville une des plus florissantes qu'il y ait aujourd'hui dans le monde, n'est cependant pas une des plus anciennes.

Cesar, après avoir subjugué plusieurs nations gauloises, envoïa Labienus, un de ses Generaux, mettre le siège devant Paris, pour lors appellée Lutece. Elle etoit enfermée entre les deux bras de la Seine

Ce Conquerant l'a prit environ 45 ans avant la naissance de J. C. les Romains dans la suitte y érigerent des Edifices solides, entre-autres le Grand et le Petit Châtelet.

Julien l'Apostat s'etant retiré dans les Gaules, choisit cette Ville pour y faire sa demeure ordinaire; on dit qu'il y fit bâtir un Palais, dont il reste encore des Vestiges; on fera mention en son lieu de ce vieux monument.

On s'égareroit si l'on vouloit faire une longue recherche des Commencemens et des differens accroissemens de cette Ville; d'ailleurs, quand cela s'eroit possible on s'écarteroit du Plan qu'on s'est proposé dans cet Ouvrage, qui est d'etre très succint en ce qui regarde la narration; on s'est donc attaché principalement à l'exactitude des Plans.

La Ville de Paris, est devenüe Capitale sous le régne de Clovis vers l'an 507. sélon le Pere Daniel.

Philipe Auguste, Prince, dont la magnificence égaloit celle des plus fameux Empereurs Romains, regardant la Ville de Paris comme l'ornement de ses Etats, s'apliqua à l'embellir plus qu'aucun de ses predecesseurs.

Sous son Regne, l'an 1189. un financier nommé Gerard de Poissy, fit une action rare qui doit rendre sa mémoire precieuse aux Parisiens; ce digne Citoyen, voïant que le Roi n'épargnoit ni soins ni dépenses pour la decoration de cette ville, contribua de la moitie de son bien.. laquelle moitie

se montoit à 1000. mares d'argent pour en faire paver les ruës.
Les Rois qui ont laissé un très grand nom dans notre histoire, sont ceux qui ont fait paroitre plus d'affection pour cette Ville. Francois I. Henri II. Henri IV. Louis XIII et Louis le Grand.

Cette Ville est divisée en trois parties principales

LA CITE
L'UNIVERSITÉ
LA VILLE

La premiere partie, la plus petite et la plus ancienne, est située dans l'enceinte du Palais
La seconde, au midi, est remplie de Colleges, et très peuplée
La troisieme au septentrion, est d'une plus grande etendue que les deux autres,
Paris occupe aujour d'hui environ deux lieuës communes de diametre, sur six de Circonference, eny comprenant ses Fauxbourgs

---

Nous commencerons le detail.... par la chose la plus frapante que l'on trouve en entrant dans cette Ville par la partie Meridionale, C'est l'Observatoire.
Mais avant que d'en parler on va donner l'explication des differentes marques qui se trouvent dans les Plans:

DC Marque les Dernieres mais.ns des fauxbourgs du côté de la Campagne
DP Marque les Dernieres maisons des Paroisses des Fau-bourgs, et premieres maisons des Paroisses de Campag
D Marque les Dernieres maisons des Faubourgs dans les ruës le traverse
P Marque les Premieres maisons des Faubourgs du coté de la Ville
V Marque les Dernieres maisons, en sortant et les Premieres en entrant de l'enceinte de la Ville.
...... Marque les passages
○ Marque les Fontaines
═ Marque les Places de Fiacres
▬ Marque les Boeltes à lettre
▫ Marque les Corps de Gardes

L'OBSERVATOIRE

Cet Edifice à couté plus de deux millions à batir, à cause de la difficulté du terrain. Dans toute sa construction on n'a employé ni fer ni bois, et tout est voûté avec le plus extrême soin l'Escalier est une piece merveilleuse. Ce Batiment à été éxecuté sur les Desseins de Claude Perrault, les fondations furent jettées en 1667, ce bel Edifice fut achevé en 1672. R. du Fauxbourg S. Jacques

les PP. de l'oratoire Cette Maison fut fondée en 1650. par Nicolas Pinelle, tresorier de Gaston de France, Duc d'Orleans et oncle de Louis XIV. l'Eglise que l'on voit ne fut commencée qu'en 1655. et finie en 1657. on y remarque un Monument érigé à la memoire du Cardinal de Berulle qui est de Sarrazin. R. d'Enfer

La Bibliotheque de ces PP. est assez curieuse on y voit un manuscrit des Oeuvres de S. Leon Pape.

le Port Royal. Cette Abbaye doit son origine à celle du Port Roial des Champs, fondée en 1204. Ce fut en 1626. que cette Communauté fut transferée ou elle est aujourd'hui. les fondemens de l'Eglise furent posés en 1646. Elle est du Dessein de le Pautre, c'est un chef d'œuvre d'Architecture, on y voit à ce que l'on dit une des Cruches qui ont servies aux noces de Cana, et un tableau qui represente la Cene, original de Philipe Champagne. R. du Fauxbourg S. J.

les Capucins, Ces Religieux ont été établis dans cette endroit vers l'an 1613. Ce fut M. de Gondi premier Archevêque de Paris, qui fit faire l'Eglise et le Dortoir de ce Couvent à ses dépens. il n'i a rien de remarquable dans l'Eglise que deux tableaux de le Brun. le Jardin, est très beau. idem

près de là est la **Croix de la S. Hostie**, Cette Croix fut érigée en 1668. à la meme place où les Voleurs, dont il est parlé à l'article de S. Martin prés S. Marcel, avoient jettés la Sainte hostie.

le Val de Grace, Ce Couvent est sous la Regle de S. Benoit. Cette Maison fut érigée en 1645. Elle fut commencée sur les Desseins de françois Mansart, et fut finie par d'autres Architectes, qui ne repondirent point à ce qu'on attendoit d'eux, cependant c'est un beau morceau. idem

les Benedictins Anglois. l'Eglise de ce Couvent fut bâtie en 1676. elle est petite mais propre. le Corps de Jacques II. Roi d'Angleterre, mort à S. Germain en Laye, y est en depôt de meme que Marie Stuart sa fille. idem

les Carmelites Ce Couvent est le plus ancien des 70. que cet ordre a aujourd'hui en france. l'Eglise de ces Religieuses a été batie sous le regne de Robert, fils de Hugues Capet. Elle merite d'être vuë le maître Autel est une chose unique dans son genre. le tableau de l'Autel de la Chapelle de la Madelaine est le Chef d'œuvre de le Brun. C'est dans cette maison que Sœur Louise de la Misericorde, connuë dans le monde, sous le nom de Duchesse de la Valliere, est morte en 1710. le Coeur du Vicomte de Turenne, a été déposé dans cette Eglise 1675 R. d'Enfer

R du Faub S. Jacques

les Feuillantines

Ces Religieuses furent établies en 1622. par la Reine Anne d'Autriche, leur Eglise est assez belle. le tableau du maître Autel est une Copie du fameux tableau de Raphaël qui est assez bien rendu.

les Ursulines

idem

Cette Communauté fut établie par Madelaine Luillier; veuve de Claude le Roux, Sieur de Ste Beuve, Conseiller au Parlement, l'Eglise que l'on voit a été bâtie en 1620. l'Autel est décoré de Colonnes de marbre, de Dinan et d'un tableau de Van-Mol, eleve de Rubens. Madame de Ste Beuve, leur fondatrice, fut inhumée dans le milieu du Choeur de l'Eglise de ces Religieuses en 1628.

le Semminaire de S. Magloire

idem

Ce Seminaire etoit nommé il y a environ 200. ans. l'hopital de St Jacques du haut pas, et avoit un Commandeur general pour tout le Royaume dont l'Ordre etoit considerable, Cette Commanderie fut fondée par Philipe le Bel, mais le Pape Pie II suprima cet Ordre en 1459, cépendant celui ci dura encore prés de 50. ans aprés sa supression. la Reine Catherine de Medicis ayant concu le Dessein de faire bâtir un noveau Palais à l'hotel d'Orleans occupé par les filles Penitentes, fit transferer ces filles au Monastere de S. Magloire et les Religieux de S. Magloire à l'hopital de S. J. du haut pas. qui changea de nom, et devint Abb. de S. Magloire, ce fut Henri de Gondi, Evêque de Paris qui en 1618. de l'Abbaye en fit un Seminaire qui est le plus ancien du Diocése de Paris

S. JACQUES DU HAUT PAS.

idem

C'est à l'établissement des Religieux de St Magloire dans l'hopital de S. Jacques du haut pas, que cette Eglise doit son nom et son ~~et son~~ commencement elle fut construite pour remplacer la Chapelle de cet hopital qui étoit succursale des Paroisses de S. Benoit, de S. Hipolite et de S. Marcel, Cette Eglise demeura succursale des dittes Paroisses. jusqu'en 1630. qu'elle fut rebâtie telle qu'on la voit aujourd'hui, et declarée paroissiale, On voit dans cette Eglise un tableau representant le martire de S. Barthelemi, qui est de Laurent de la Hire.

le Semminaire Anglois

idem

Ce Seminaire, doit son établissement à Louis le Grand en 1686

R N. S. Geneviève

Ste Aure, Cette Communauté doit son établissement à l'indocilité des filles de Ste Theodore qui avoient eté fondée en 1687. et celle ci, en 1700.

la Presentation

R des Postes

Ce Couvent est un prieuré perpetuel de Benedictines mitigées établies par Marie Courtin en 1649.

R de l'Arbalestre

la Providence, Cette Communauté prit possession de la Maison ou elle est aujourd'hui en 1652. Cette Maison apparlenoit à l'Hotel Dieu sous le nom de la Santé.

S.te Valere

Celle Maison étoit appellée anciennement l'hopital de l'oursine, elle dépend aujourd'hui de l'Hotel Dieu auquel elle à été unie — rue de l'oursine

les Filles Angloises

Des Dames Religieuses, angloises, ayant quitté leur pays pour venir en france professer la Religion Catholique plus librement, s'établirent dans la Maison quelles occupent aujourd'hui en 1620. — rue des Angloises

les Cordelieres

Ce Couvent fut fondé en 1287. par Gallien du Pois, Chanoine de S. Omer, qui donna 3. Maisons quil avoit dans le Faubourg S.t Marcel ce nétoit qu'une translation de ces Religieuses vû quelles avoient été fondées en 1270. à Troies en Champagne, par Thibaud VII. Roi de Navarre et Comte de la ditte province de Champagne. — rue de loursine

On dit que la Reine blanche* à son retour de Castille se retira dans ce Monastere, quelle y mourut, et y fut inhumée en 1322. — *Fille de S. Louis

l'Hotel Zone, étoit une maison du Commandeur de S. Jean de latran. Elle a pris son nom d'un Commandeur, qui avoit resolu d'aller naviguer jusqua la Zone torride. — idem

S. Hipolite

Cette Eglise est très ancienne, on ignore du tems quelle a été érigée en Paroisse, des l'an 1158. il a été parlé de cette Eglise dans la Bulle d'Adrien IV. le Curé nôme à son tour ala Cure de S. Jacques du haut Pas. — rue de S. Hipolite

S Medard

On est incertain de l'Origine de cette Eglise on sçait seulement quelle est située sur un terrain ou anciennement il n'i avoit que des terres labourables appartenantes à S.t Pierre et S.t Paul, dits aujourdhui S.te Genevieve, on croit que cette Eglise aura été batie du tems de Clovis en faveur des vassaux que cette Abbaye avoit en cet endroit. en 1586. on a agrandit cette Eglise telle qu'on là voit presentement. On y remarque au haut du maitre Autel, un tableau ovâle representant le Pere eternel, qu'on dit d'un prix inestimable. C'est dans cette Eglise que le Celebre Patru, et Pierre Nicole, sont inhumés. — rue Mouffetard, près la rue d'orleans

la Cour des Patriarches

Ce nom lui vient, de Bertrand de Chonac Cardinal et Patriarche de Jerusalem qui y avoit son Hotel. Cette Maison est très connuë dans l'histoire de Charles IX. — idem

les Filles de la Croix

Ces Filles exercent leurs soins charitables à instruire les pauvres filles de la paroisse de S. Medart, à côté de la maison des F.F. de la Croix sont les **FF des Ecoles Chretiennes** Ces Freres ont la meme occupation que les Filles de la Croix, envers les pauvres garçons de la meme Paroisse — rue d'orleans — idem

Voyez le bas de la page 21. Numero 1.

Voyez page 12. N° 2

DANS LA CITE SE TROUVENT

N. DAME, Ce n'étoit autrefois qu'un simple Evêché, suffragant de la Metropole de Sens. Vers l'an 522. cette Eglis qui étoit fort petite, fut rébatie sous le regne de Childebert I. mais sous celui de Robert le Pieux, on commença à l'agrandi enfin sous le regne de Philipe Auguste, cet Edifice fut porte au point de perfection ou il est. l'Eglise de N. Dame est orne d'un gr. nombr. de Tableaux; peints par tous ce qu'il y a eu de pl fameux Peintres. Le Siège de Paris fut érigé en Archevêché en 1662.

la Cité

S. Denis du Pas

on pretend que ce fut ou S. Denis souffrit plusieurs tourments

dans la

S. Jean le Rond, C'est où Gilles Menage et J. Batiste du hamel sont inhumés

S. Marine

Cité

Cette Eglise est la paroisse de l'Archeveché.

S. Christophe a été la Chapelle d'Archambaut maire du Palais de Clovis.

S. Genevieve des Ardens

dans

C'étoit le lieu ou S.te Genevieve venoit fort souvent faire sa priere.

S. Landri

Est une Eglise paroissiale, on y voit le tombeau de Girardon qui fait un trés beau morceau, les fonts Baptismaux passe pour être les plus beaux de Paris.

la

S. Denis de la Chartre l'Eglise a été batie en 1122. sur la Cave ou S. Denis avoit été enfermé, avec ses Compagnons.

Cité

S. Luc, Cette Eglise fut fondée en 1206. et en 1704. elle fut cédée aux Maitres Peintres, et Sculpteurs. Cette Communauté acheta en meme tems une Maison qui tient à la Chapelle, ou ils i tient une Ecôle public de Desseins. ou cette Accademie entretien un Modele

la Magdelaine

dans

Estoit une anciéne Chapelle de S. Nicolas, batie en 1140. elle fut érigée en Paroisse en 1491. par Louis de Beaumont Evêque de Paris.

le Pont N. Dame

Le Pont qui existe aujourd'hui, fut commencé en 1499. et fut aché vé en 1507. au milieu de ce pont il y a deux pompes, qui élévent de l'eau pour être distribué à plusieurs fontaines, qu'il y a dans Paris. On rémarque sur le pont deux figures qu'on dit être des Chefs d'oeuvres de Jean Gougeon.

la

S.e Croix Cette Eglise, fut érigée en paroisse en 1107. sous le Pontificat de Pascal II.

Cité

S. Pierre des Arcis

Cette Eglise a été bâtie telle qu'on la voit aujourd'hui en 1424. et le Portail en 1702.

S. BARTHELEMI

Cette Eglise fut faite paroissiale en 1138 l'interieur de l'Eglise merite la veuë des Curieux la décoration est du Dessein et de l'exécution de Slodtz.

LE PALAIS

Rien ne prouve la fondation ni le fondat.r du Palais, Adrien de Valois conjecture que la crainte des Normands obligea Eudes, et les Princes suivans, de faire leur demeure dans la Cité. Du tems de S.t Louis, il etoit appellé, le Gr. Palais. Mathieu Paris, dit que Henri III Roi d'Angleterre y fut recu en 1204. S. Louis y fit batir la sainte Chapelle, la gr. Chambre &c. sous Philipe le Bel ce Palais fut encore agrandi considerablement. Du Haillan dit, qu'il fut bâti de neuf sous ce Prince. Belle Forest en dit autant Quoi qu'il en soit, la Sainte Chapelle, la gr. Chambre et la Salle S.t Louis sont construitte du tems du Roi S. Louis

les Barnabites l'Eglise des Barnabites etoit autrefois nommée S. Eloi. le Portail a eté elevé sur les Desseins de Cartault. on garde dans la sacristie un Livre manuscrit par S.te Aure

S. Germain le Vieux le Maître Autel de cette Eglise est décoré de 4. Colonnes de Marbre de Dinan, et d'un beau tableau de Stella. on expose les jours de gr. Festes, une tapisserie, faite du tems de Charle VI.

le Marché neuf Cette place fut commencée sous le regne de henri II. en 1557. et achevée en 1568.

HOTEL DIEU Cet hopital est le premier et le plus considerable de Paris: on croit qu'il a eté fondé par S.t Landri, Evêque de Paris, qui vivoit sous Clovis II. vers l'an 660.

les Enfans Trouvés Ils furent établis en 1670. par une déclaration du Roi, depuis quelques années on y a construit un très beau bâtiment. la Chapelle merite la vuë des curieux.

le Petit Pont Ce Pont a été plusieurs fois renversé par les eaux, il fut brulé en 1718. avec quantité de maisons qui etoient dessus celui qu'on voit apresent fut commencé aussi tot après l'incendie

le Gr. Chastelet, ... Cet Edifice a eté bâti tel qu'il est sous Charles V. les Boucheries qui sont à côté ont eté établies en 1416.

le Pont S. Michel, a eté construit pour la premiere fois en 1378. après avoir eté emporté plusieurs fois par les débordements, il fut rebâti de pierres tel qu'il est aujourd'hui en 1618.

S. ANDRÉ DES ARES

Cette Paroisse, assés considerable, n'étoit anciennement qu'une petite Chapelle sous le titre de S. Andréole, cette Chapelle fut dans la suitte erigée en paroisse, on croit que ce fut en 1212. On remarque dans cette Eglise le tombeau du Prince de Conti, qui est du dessein et de l'execution de Coustou l'aîné. Celui de la Princesse de Conti du dessein et de l'ouvrage du fameux Girardon. on y voit aussi celui de M. de Thou. ce monument est digne de françois Anguiere fameux Sculpteur.

College d'Autun

Ce College a eté fondé en 1337. par Pierre Bertrand Evêque d'Autun.

Dans la Cité

R.S. André idem.

S. SEVERIN.

R S Seve rin — Cette Paroisse est une des plus anciennes de Paris. l'Edifise de cette Eglise n'a rien de remarquable.

R Ga lande — **S. Julien.** Cette Eglise est une des plus anciennes de Paris. c'etoit autrefois ou se tenoit l'école des humanitès, et meme pendant un longtems on y a fait l'élection du Recteur.

R des Rats — **Ecole de Medecine.** Cette Ecole fut commencée en 1472.

R du Platre — **le Col. de Cornouaille.** Ce College a ete fondé en 1380. par Galeran Nicolas

S. Yves

R S Jacque — Cette Eglise fut bâtie en 1348. aux dépens des Ecoliers Bretons étudians à Paris

les Mathurins

R des Mathurins — Cette Eglise etoit autrefois un hopital. on remarque dans l'Eglise de ces Religieux, les dix petites colonnes du tabernacle qui sont de Marbre de Sicile.

R Boudeberie — **le Col. de Mre Gervais** Ce College a été fondé en 1377. par Gervais Chretien

R des Mathurins — **H. de Cluni**
Derriere cet Hotel on voit les vestiges d'un Palais, bâti par l'Empereur Julien. Ce monument est d'autant plus precieux, qu'il ne reste rien de semblable en France pour être aussi entier malgré sa grande Antiquité

R de Sorbone — **LA SORBONNE**, Cette Maison doit sa fondation à Robert. Sorbon, Aumonier et confesseur de S. Louis.
Le Cardinal de Richelieu, qui aimoit à s'immortaliser, fit rebâtir ce College de fond en comble, et voulut y estre inhumé; le tombeau de ce Ministre est d'une beauté achevée.

S. BENOIT.

R S Jacqu — On pretend que cette Eglise etoit du tems de S.t Denis. le Chapitre de cette paroisse est composé de 6. Chanoines à la nomination d'un meme nombre de Chanoines de N. Dame. le Curé prend le titre de Vicaire perpetuel. C'est dans cette Eglise que Gerard Audran fameux graveur, est inhumé. pres de là est la fontaine de S Benoit

idem — construite depuis 1622.

C. du Plessis.

Le 2. Janvier l'an 1322. Geoffroi du Plessis Balisson Notaire fonda ce College. on y admire l'exacte dicipline Scholastique qui si observe

College de Louis le Grand.

idem — Cette Maison est la premiere que les Jesuittes ayent eu en france les fondemens de la Chapelle, furent posées en 1582. le Roi Henri III. y mit la premiere pierre

C. des Cholets

idem — Ce College a été fondé en 1295. par Jean de Bulles Archidiacre du grand Caux.

les Jacobins.

idem — Cette Eglise a été bâtie sous le regne de S. Louis. On y voit 22. tombeaux de Princes, et de Princesses de la Maison roiale

idem — **S ETIENNE DES GRES** On croit que S. Denis premier Evêque de Paris, est le fondateur de cette Eglise. S. François de Sale se consacra à Dieu dans la Chapelle de N.D. de bonne delivrance.

le C. de Lizieux on raporte l'origine de ce College à Gui d'Harcourt Evêque de Lizieux en 1336. R. S. Etienne des Grès

le Col. des Cholets Ce College a été fondé en 1295. par Jean de Bulles Archidiacre du gr. Caux dans l'Eglise de Rouen. les Bourses de ce College sont les meilleurs de Paris R. des Chiens

le C. de S.t Barbe. Cette Maison a été fondée par 2. fois différentes la 1. par Jean hubert en 1430. et la 2. par Robert de Guast. idem

le C. de Montaigu. Ce College fut fondé en 1364. par Gilles Ascelin Archevêque de Rouen de la maison de Montaigu en Auvergne l'illustre Erasme de Roterdam y fit ses études, de même que Jean Calvin, célebre heretique, qui mourut à Genêve en 1564. R. S. E. des G.

S.te GENEVIEVE

On croit que l'Eglise de S.te Genevieve est de la fondation de Clovis, qui fut l'accomplissement d'un voeu qu'il avoit fait lorsqu'il alla combatre Alaric, on y voit son tombeau et celui de S.te Clotide sa femme, le fameux Descartes est inhumé dans cette Eglise, la Bibliotheque de cette Abbaye est publique. V. P. 12

S.t ETIENNE DU MONT

Cette Eglise à été rebâtie sous le regne de François I. les Artistes de ce tems ne nous laisset pas une grande idée de leur habileté. la Chair.e du Prédicateur est une chose à voir l'abord du Choeur arrete la vuë des connoisseurs par la beauté du Jubé et du Crucifix. ouvrage digne du fameux Biart idem

les Peres de la Doctrine Chretienne

Cet établissement s'est fait en 1633. par Cesar du Bus. Ces Peres ont une assés belle Bibliotheque qui est publique elle s'ouvre le mardi et le Vendredi. R. des F. S. Victor

le C. des Ecossois Ce College fut fondé en 1325. par David Evêque de Murrai en Ecosse. Jacques Bertom Archevêque de Glascou est reconu pour second fondateur de cette Maison idem

le C. de Boncourt. Ce fut Pierre de Boncourt Gentil home de Terouanne qui fonda ce College en 1353. R. Bordel

le Col. de Navarre Ce College a été fondé par Jeanne Reine de Navarre et de France, femme de Philipe le Bel en 1304. R. de la M. S. Genevieve

la Fontaine S. Genevieve Cette fontaine a été batie en 1625. aux dépens de la Ville. le Col. de l'Ave Maria.

Ce College fut fondé en 1334. par Jean Thybaud; l'Abbé de S.te Genevieve et le grand Maitre du College de Navarre en conferent les Bourses à qui bon leur semble. idem

le Col. des Grassins Ce College doit sa fondation à Pierre Grassin en 1569 R. des Amandiers

La petite Merci

Ce petit College fut fondé en 1520 par Allain d'Abret. la grande Merci y met un Religieux pour 3 ans avec titre de Prieur. R. des 7 Voies

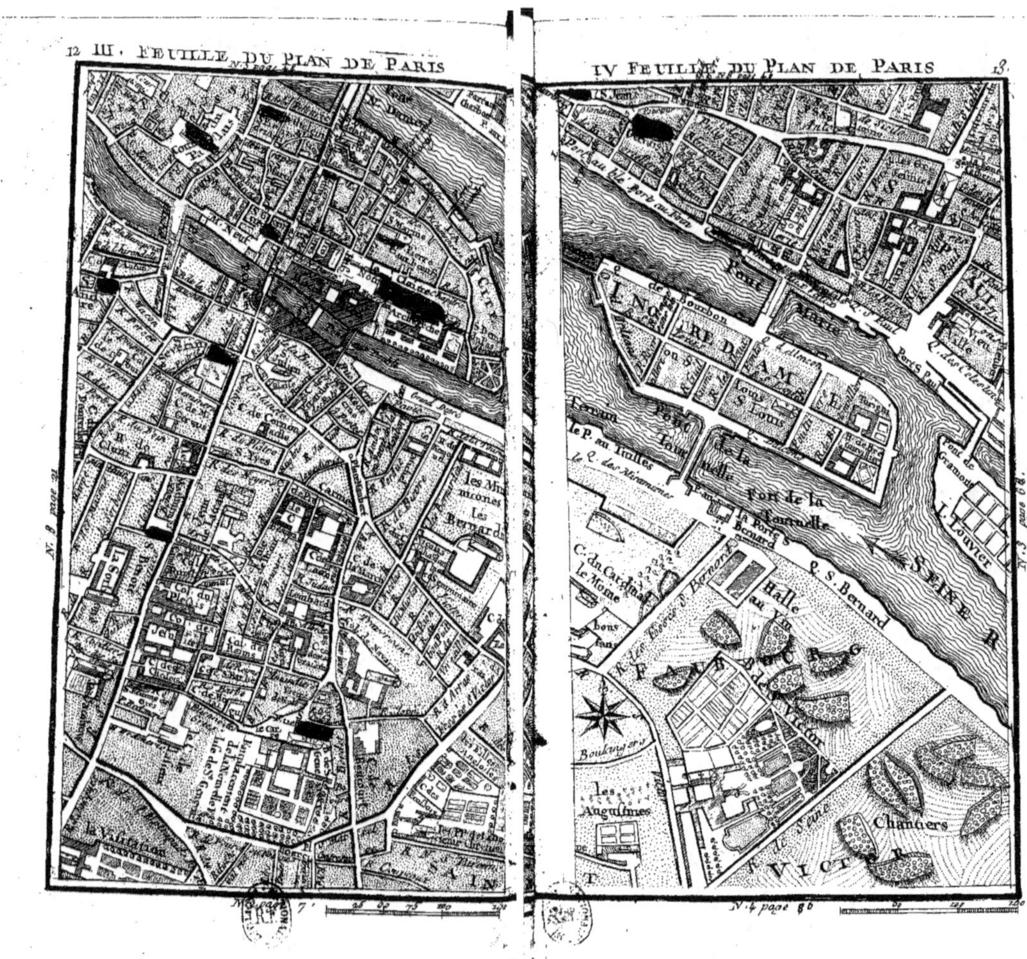

12 III. FEUILLE DU PLAN DE PARIS
IV FEUILLE DU PLAN DE PARIS 13.
Pont Marie
Port S. Paul
Pont de la Tournelle
Port de la Tournelle
Q. S. Bernard
SEINE R.
I. Louvier
Halle au Vin
FAUBOURG
S. Victor
Chantiers
les Augustines
les Miramiones
Les Bernardins
la Val de Grâce
Vieux Marché
Q. des Celestins
N.4 page 86

R. de Reims

le Col. de Reims Ce College fut fondé sur les débris de l'hotel de Bourgogne en 1412. par Gui de Roye. il eut le malheur détre ruiné par les Anglois en 1418. mais il fut retabli en 1443. par ordre de Charles VII. qui y reunit le College de Retel qui en étoit proche et qui avoit été fondé par Gautier de Launoy.

S.t HILAIRE.

R. S. Hilaire

On ignore le tems de la fondation de cette Eglise, on sait seulement que dés l'an 1300. Elle étoit paroissiale le Col. d'Arcourt dépend de cette paroisse.

R. des Carmes

le Col. des Lombards, Ce College fut fondé en 1334. par 4 Italiens. Guillaume Postel a enseigné dans cette Maison avec une grande reputation

le Sem. des trente trois.

M. S. Geneviève

Ce Seminaire a pris son nom de 33. bourses qui y sont fondées il fut institué en 1633. par Claude Bernard, Prêtre.

Pl. Cambray

le Col. Royal. C'est a françois I. a qui il doit sa fondation vers l'an 1530. C'est le plus riche de l'Europe. Pasquier dit que françois I. y fonda 12. Professeurs. Henri II. y fonda une Chaire de Philosophie. Charles IX. une de Chirurgie Henri III. une de langue Arabe. Henri IV. une d'Anatomie et de Botanique. Louis XIII. une pour la langue Arabe et une pour le Droit Canon

le Col. de Cambrai.

idem

Ce College a été fondé en 1348. par hugues de Pomare Eveq. de Langres, par hugues d'Arci Evêque de Laon, et par Gui, d'Aussonne Evêque de Cambray, ce dernier fut celui qui y contribua le plus sa maison fut convertie en ce College.

idem

la Com. de S. J. de Latran Cette Commanderie, occupe un gr. espace de terrain mal bâti, ou logent toute sorte d'artisans. c'est un lieu privilegié. Dans le Choeur de l'Eglise, on y voit le tombeau de Jacques de Souvré, grand Prieur de France. Ce tombeau a été inventé et executé par Michel Anguiere

le College de Beauvais.

R. de S. Jean de Beauvais

le College de Beauvais a été fondé par Jean de Dormans Evêque de Beauvais et Chancelier de france en 1370. le tableau de la Chapelle est de le Brun.

M. S. Geneviève

le C. de Laon fut fondé en 1313. par Gui de Laon, Tresorier de la S.te Chapelle, et par Raoul de Presle Clerc du Roi.

idem

les Carmes Ces Religieux vinrent s'etablir dans cet endroit vers l'an 1317. la Chap. de la Vierge que l'on y voit y etoit deja sous le nom de N. Dame du Charme. le Cloître de ce Couvent est remarquable par les peintures qu'on y voit

R. S. J. de Beauvais

le Col. de Prele Ce College a été fondé en 1313. par Raoul de Presle.

le Col. de S. Michel

R. de Bièvre

C'est a Guillaume de Chonac Evêque de Paris qu'il doit sa fonda

la Place Maubert

Ce nom lui a été donnée par corruption, de maître Albert parceque ce célebre Docteur avoit un si grand nombre d'Ecoliers, qu'il fut obligé de donner ses leçons au milieu de cette Place ; la fontaine qu'on y voit a été construite en 1674.

le Col. de la Marche Ce College reconnoit deux fondateurs, Guillaume de la Marche et Beuve de Vinville l'Acte est de 1422

S. Nicolas du Chardonnet

Cette paroisse commenca par une petite Chapelle de St. Nicolas que Guillaume Evêque de Paris fit bâtir sur le terrain du Clos du Chardonnet, ainsi nommé parceque ce lieu étoit alors rempli de Chardons, en 1243. il l'Erigea en paroisse. Entre les grands hommes inhumés dans cette Eglise, est Charles le Brun, peintre illustre. la Chap.e ou reposent ses cendres, est une piece achevée; elle est toute de sa composition

le Col. des Bernardins

Etienne Lexinton abbé de Clairvaux fit bâtir ce College vers l'an 1255, dans la suite il fut cédé à tout l'ordre de Citeaux, l'Eglise fut commencée en 1338. le Pape Benoit XII Religieux de cet Ordre en fit la dépense, près de la Sacristie il y a un escalier d'une disposition si singuliere que 2. personnes montent et descendent en meme tems sans se voir

les Miramiones

la Communautée des filles de St. Genevieve a été établie en 1665. et fondée par Madame de Miramion, ce qui leur a fait donner le nom de Miramiones. cet établissement avoit été commencé dès 1636. par Mademoiselle Blosset.

le Col. du Cardinal le Moine

Ce College fut fondé en 1303. par Jean le Moine natif de Cressy en Picardie, sa Science, et ses vertus l'éleverent au Cardinalat la Chapelle dédiée à S. Jean l'Evangeliste à le titre de Paroisse

le Seminaire des bons Enfans

Ce College fondé du tems de S. Louis est à present Seminaire pour de jeunes Ecclesiastiques gouvernés par les peres de St. Lazare C'est dans ce College qu'a commencé l'ordre de la Mission.

Abbaye de S. Victor

l'Abbaye Royale de St. Victor étoit originairement un prieuré dépendant de St. Victor de Marseille ; le Roi Louis le Gros se déclara fondateur de cette Maison en 1113. il ne reste plus de l'ancien Edifice que la premiere porte qui est sur la rue l'Eglise d'apresent fut bâtie sous François I. en 1517. la Bibliothèque qui est publique trois fois la semaine.

Pag. 13

R. de Bernardins

idem

Quai

R. S. Victor

idem

idem

passe pour être une des plus parfaite de Paris. en livres rares, et en manuscrits très anciens

la Porte S. Bernard Cette Porte fut élevée en 1670. à la gloire de Louis XIV. sur les desseins de Blondel, qui r'habilla un ancien pavillon qui y étoit auparavant. Louis XIV. est representé dans la face du côté de la Ville répandant l'abondance ... sur ses sujets. de l'autre côté on voit ce prince sous la figure d'une divinité tenant le gouvernail d'un navire qui vogue à force de voiles. ces 2. bas reliefs sont de Tubi excellent Sculpteur.

la Tournelle, Cette Tour est destinée à renfermer les Criminels qui sont condamnés aux Galeres jusqu'au jour de leur depart

Pont de la Tournelle

Ce pont a été bâti tel qu'on le voit aujourd'hui en 1656.

S. Louis en l'Isle

Nicolas le jeune maitre couvreur à Paris, ayant fait bâtir une
P. Maison dans cette Isle, vers l'an 1600. peu de tems après il y
18 fit construire une Chapelle, ou il faisoit dire la messe les
Dimanches et fetes. les maisons s'i étant multipliées insensiblement, fut cause qu'en 1623. cette Chapelle fut érigée en paroisse par J. françois de Gondi 1. Archevêque de Paris. les fondemens de l'Eglise qui se voit aujourd'hui furent jettés en 1664. la 1. pierre en fut posée par Perefixe Arch. de Paris. C'est dans l'Isle S. Louis qu'en 1213. Nicolas Cardinal Legat en france precha la Croisade.

H. de Bretonvilliers les fermiers generaux y ont leurs Bureaux établis depuis 1719.

le Pt rouge Ce pont fut construit tel qu'on le voit en 1717.

le P. Marie. Ce fut en 1613. que ce Pont fut bâti par Christophe Marie, et fut achevé en 1635.

la Maison Profese des Jesuites Cette Eglise est sous le titre de S. Louis. Louis XIII. mit la premiere pierre de cet edifice le Choeur de ce Roi et celui de son Successeur reposent dans cette Eglise aussi bien que celui d'henri de Bourbon Prince de Condé

le Petit S. Antoine.

Cette Eglise est fort negligée C'etoit anciennement la Chapelle d'un hopital destiné pour les malades ataqués d'une espece de maladie épidemique nommé le mal S. Antoine.

S. Gervais.

Cette Paroisse est une des plus ancienne de Paris. on pretend que le Portail de cette Eglise est un des plus beaux morceaux d'Architecture qu'il y ait en Europe. Louis XIII. mit la premiere pierre de cet edifice en 1616. cet ouvrage est de Jacques Brosse celebre Architecte. à côté du Choeur est une Chapelle dans laquelle on voit le tombeau de Michel le Tellier Chancellier de france

Ce grand Magistrat mourut huit jours après qu'il eut Scellé la revocation de l'Edit de Nantes. Satisfait d'avoir vû consommé ce grand Ouvrage, l'illustre Scaron, Poëte fameux, né a Paris est inhumé dans cette Eglise

S. Jean en Grêve

Cette Paroisse érigée en 1212 ne fut bâtie, comme on la voit aujourd hui que sous le regne de Philipe le Bel en 1326. la Voute qui soutient l'Orgue est admirée par les connoisseurs. Pasquier de l'Isle en fut l'Architecte et Nicolas Dailly l'apareilleur. Simon Vouet fameux Peintre est inhumée dans cette Eglise, de meme qu'Alain Vau surnommé le tresorier sans reproche, financier. Fin de la 13e feuille dans les feuilles suivante se trouvent **le Palais du Luxembourg** R. du Mar trois

Marie de Medicis, veuve d'Henri IV acheta l'hotel de Luxembourg d'henri de Luxembourg Duc de Piney, dernier de cette ancienne Maison. Elle fit ruiner entierement cet hotel et y érigea, de fond en comble ce Palais qu'elle laissa par testament a son fils Gaston d'orleans les fondemens en furent jettés en 1615. et a été fini en 1620. la Gallerie a main droite en entrant, est peinte par Rubens. C'est l'histoire Allegorique de la Reine de Medicis, que ce gr peintre composa et finit en moins de 2 ans. R. de Vaugirad

le M.e des Chartreux Ce Monastere est très considerable. S Louis donna a ces Religieux le vieux Chateau de Vauvert, qui etoit une maison Royale fort délabrée, ou ils s'établirent et eleverent sur les ruines de ce Chateau leur maison comme on la voit aujourdhui. le tableau de l'Autel de l'Eglise de ces Religieux est peint par Champagne. le petit Cloitre est très remarquable par la beauté des peintures qui sont toutes d'Eustache le Sueur R. d'Enfer

le Semin.re de S. Louis. Ce fut Louis Antoine Cardinal de Noailles qui institua ce Seminaire en 1696 Place S. Michel

les Anges Feuillans Ce Monasterre fut fondé en 1633. les 2 premieres pierres de l'Eglise furent posées en 1659 R. d'Enfer

C. d. de Cluni. Ce College fut fondé en 1269 par Yves de Vergy Abbé de Cluni.

le Col. des Tresoriers

Ce College a été fondé par Guillaume de Saone Tresorier de l'Eglise de Rouen. V. P. 12

le Col. d'HArcourt.

Ce College fut fondé en 1260. par Raoul d'Arcourt Chanoine de N. Dame de Paris. Ce College est de plein Exercice et est remarquable par le merite des Professeurs qui y enseignent, et par le grand nombre de Pensionaires

le C. de Justice.

Ce College a pris son nom de Jean de Justice Chantre et Chanoine de l'Eglise de Bayeux, son fondateur

le Col. de Bayeux Ce College a été fondé en 1306. par Guillaume Bonnet, Jacque de Bayeux.

le C. de Seez C'est en 1427. que Gregoire l'Anglois Evêque de Seez fonda ce College

le C. de Narbonne.

Il fut fondé en 1317. par Bernard de forges Arch. de Narbonne

l'Eglise S. Côme. Cette Eglise a été bâtie vers l'an 1212. aux depens de l'Abbé et des Religieux de S. Germain des
1 Prés qui en eurent le patronage jusqu'en 1345. le tableau du maitre Autel a été peint par houasse.

Accademie de S. Côme. Cette Celebre Accademie de Chirurgie
Pag fut fondée par S. Louis vers l'an 1266. Cette Compagnie, par une fondation de plus de 400. ans, envoie à Luzarche 2. fois l'année 4. députés de son Corps, en qualité de Recteurs de la Confrairie, a la feste de S. Côme et S. Damien. et le jour de S. Simon et S. Jude, pour faire la visite de tous les malades qui viennent exprès en ce lieu de divers endroits ce qui procure un grand soulagement aux pauvres gens de la Campagne.

21 **Coll. Daimville** Ce College fut fondé en 1360. par Michel Daimville Archidiacre de l'Eglise d'Arras.

les Cordeliers. Ce Monastere fut fondé vers l'an 1217. lorsque S. françois leur instituteur vivoit encore. On voyoit autrefois dans l'Eglise de ces Peres, les tombeaux de plusieurs personnes de la famille Roiale mais un incendie violent qui la consuma, ruina entierement ces tombeaux de façon qu'on a à peine memoire du nom de ceux ou de celles qui y furent inhumes. Le Colonel fortick, enterré proche la porte du Choeur, merite... bien qu'on fasse memoire de lui dans nos fastes; c'est lui qui conduisit Charles IX. et toute sa Cour, depuis Meaux jusqu'à Paris au milieu d'un Bataillon de 6000 Suisses, qu'il commandoit, contre les huguenots a la tête desquels étoient le Prince de Condé et l'Amiral de Chatillon. ce grand évenement arriva en 1567. le tableau du maitre Autel de l'Eglise des Cordeliers a été peint par le franc

les Premontrés

Ces Chanoines furent établis dans cette Maison en 1252. et l'Eglise que l'on voit aujourd'hui a été rebatie telle qu'elle est en 1618.

le Col. de Gramont

Ce College fut fondé en 1343. par Jean Mignon Archidiacre de Blois, pour 12. boursiers de sa famille.

le C. de Bourgogne fut fondé par Jeanne de Bourgogne Reine de france, en 1331. pour 20. pauvres Ecoliers de la Comté de Bourgogne

le Col. de Boissi

Ce College a été fondé pour la famille des fondateurs, qui sont Godefroi de Boissi mort en 1354. et Etienne Vidé de Boissi son neveu, Chanoine de Laon

les Gr. Augustins. l'Eglise de ce monastere ne fut dediée qu'en 1453. sous le regne de Charles VII. C'est dans cette Eglise qu'est érigée la Chapelle des Chevaliers de l'ordre du S. Esprit. dans laquelle on faisoit autrefois la Ceremonie des promotions. les assemblées du Clergé se tiennent ... dans les Salles de ce Monastere. la Chaire du Predicateur est de Germain Pilon.

L'ABBAYE DE S. GERMAIN DES PRES

Celte Abbaye, une des plus anciennes et des plus illustres de toute la Chretienté, fut fondée par Childebert, fils de Clovis. V p. 21
Ce Monastere étoit destiné anciennement pour la Sepulture des Rois de la premiere race, comme celui de S. Denis l'a été depuis, pour la 2e et 3e. l'Autel de Eglise est du dessein de Gilles Marie Oppenord. la Bibliotheque une des plus considerables de l'Europe est publique.

DE S. SULPICE.

C'est la plus considerable Paroisse de Paris Monsieur Languet de Gergi, l'ancien Curé, la rebâtie de fond en comble. Le portail qui merite le titre de Grand, est du Dessein de Servandoni, la premiere pierre en fut posée le 11. mars. 1733. le Maître Autel de cette Eglise est construit d'un marbre bleué Turquin, d'après les desseins de M. Oppenrod. la Chapelle de la Vierge atire les regards des Curieux les peintures de la voute son a fresque. C'est l'ouvrage de françois le Moine la Statue de la Vierge a eté modelée par Bouchardon. Cette Eglise est remplie d'une infinite de beaux morceaux tel que l'admirable Monument de Mr. Gergei, sculpté par Michel Slodtz, mais les bornes prescrites dans cette ouvrages ne permettent pas d'en donner l'explication. idem

la Charite Ces Religieux furent établis à Paris en 1602 par Marie de Medicis. R. des S. Peres

la Visitation Ces Religieuses prirent possession de cette Maison en 1673. R. du Bac

les Premontrés ref. Ce fut en 1662 que ces Religieux prirent possession de cette Maison. Croix rouge

les Cordelieres furent établies dans cet endroit en 1687. idem

les Petites Maisons. Ce fut l'hotel de Ville qui en fit l'établis. en 1557 R. de Seve

les Filles S. Thomas. Ces Filles vinrent à Paris pour la 1. fois en 1700 idem

le Bon Pasteur. Cette Maison a eté instituée en 1650 par Mde. de Combé né à Leyde. R. du Cherchemidy

l'Abbaye aux bois l'Eglise a eté batie en 1708. cette Abaye est de l'ordre de Citeaux R. de Seve

les Benedictines Ce Monastere fut etabli en 1634. Ch. midi

N. D. des Prés Ce Prieuré fut d'abord fondé à Mouson en 1620 par Dame Heriette de Vieville veuve d'Antoine de Joyeuse Comte de Grand Prez. R. de Vaugirard

les Carmes Dechaux Ce Monastere a eté fondé 1611. dans une Chapelle de l'Eglise il y a une figure de la S. Vierge faite par Raggi le Lombard, qui est le plus beau morceau de Sculpture quil y ait en france idem

Freres des Ecoles si ce n'est pas l'établ.t le plus brillant il est le plus utile R. de N. D. des Champs

le Noviciat des Jesuites Cette Maison a eté fondé en 1610. l'Eglise est du dessein de Martel Ange frere Iay de la Compagnie R. Pot de fer

les Filles du S. Sacrement Cet établissement se fit par la Reine Anne d'Autriche. R. Cassette

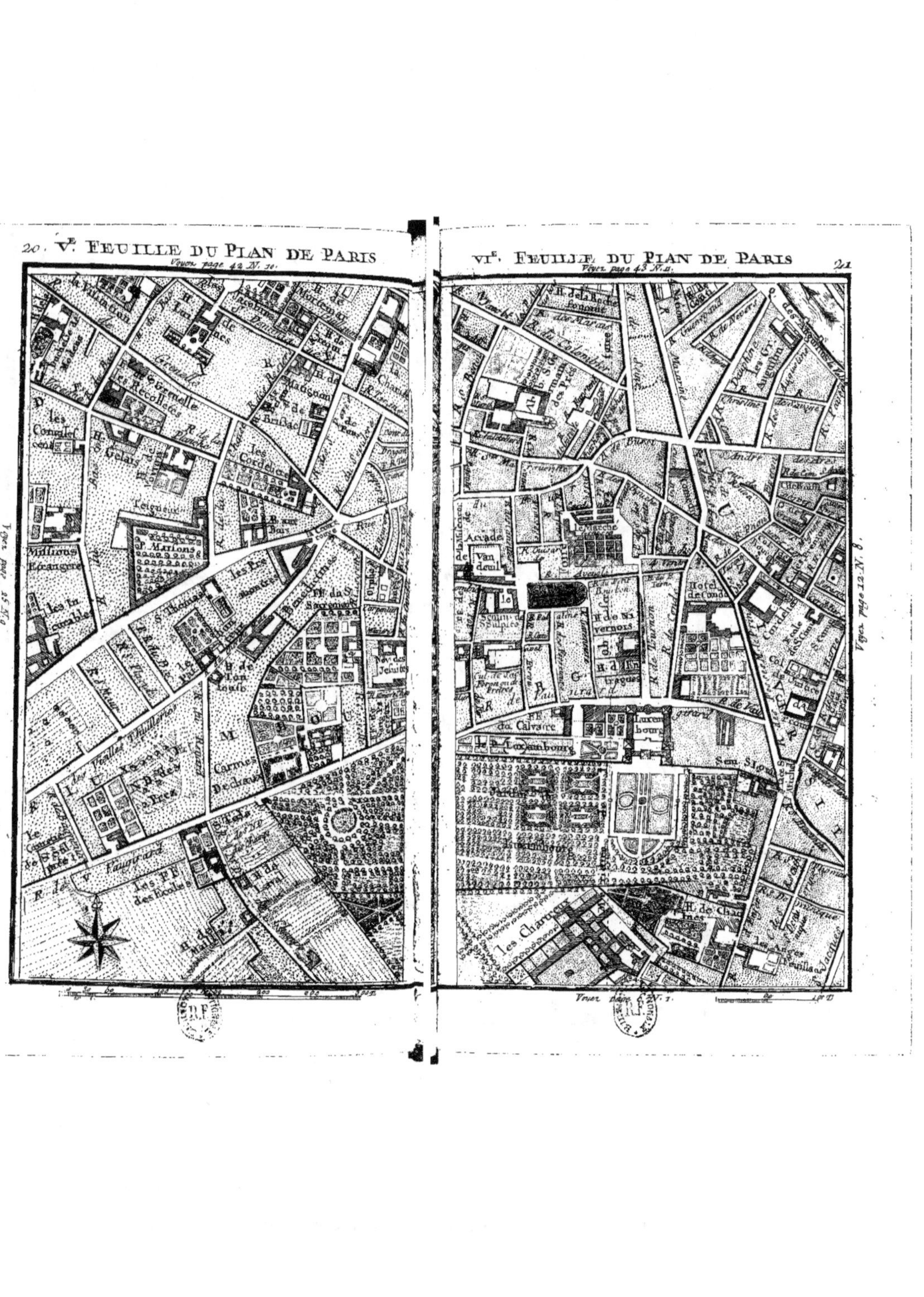

20. Ve. FEUILLE DU PLAN DE PARIS
Voyez page 42 N. 10.
VIe. FEUILLE DU PLAN DE PARIS 21
Voyez page 43 N. 11.
les Recollets
les Cordeliers
P. Marions
Missions Etrangeres
les Pres montrés
Benedictines
Carmes Dechaux
Les PP. des Ecoles
les Convalescens
St. Thomas
Le Marché
Hotel de Condé
Semin. de S. Sulpice
du Calvaire
Luxembourg
Jardin de Luxembourg
Les Chartreux
H. de Chaulnes
Les Anges
Feuillans
Les Gr. Augustins
Voyez page 12. N. 8.
Voyez page 55 N. 9

L HOTEL ROYAL DES INVALIDES

Plaine de Gre nelle

Cet Hôtel est le plus Superbe édifice que Louis XIIII. ait fait élever C'est un azile pour ceux qui ont essuyez les disgraces de la guerre les fondemens de ce grand ouvrage furent jettés le 30 Novembre 1671. sur les desseins de Liberal Bruant Architecte le Dome des Invalides, est d'une richesse immense et d'une majesté qu'on ne voit point ailleurs; la seule Dorure exterieure de ce Dôme à couté plus de 100. mille ecus: l'interieur repond parfaitement à la magnificence du dehors. Jean Jouvenet Charles de la Fosse, Noël Coypel, Bon Boullogne et Louis Boullogne son frere, et Corneille, tous peintres fameux: ont emploiés a l'envie les secrets de leur art pour la décoration du dedans, malgré le grand nombre d'Officiers et de Soldats estropiés, on y admire l'exacte dicipline qui si observe.

à deux pas de là est l'Ecole Militaire, qui par la vraité ne contribuera pas peu a lembellissement de celieu.

Hotel de Clermont

rue de Varenne

Cet hotel à eté commencé en 1708. et fini en 1714 sur les desseins de le Blond, que le Czar emmena en Moscovie, ou il est mort, tout le monde scait que cétoit un habile Architecte.

le grand Morceaux de Sculpture qui est sur la Porte est de feu françois du Mont.

idem

Hotel de Matignon, un des plus beaux de Paris, il fut commencé en 1721. pour le Marechal de Montmorenci. l'Escalier de cette Maison est d'un trait hardi il est estimé des connoisseurs, ainsi que le plafond du Salon.

Il y a beaucoup d'autres Hotels, très beaux près de là mais il devient inutile d'en parler.

Transportons nous a la Barriere de Seve ou se trouve

rue de Seve

N. Dame de Liesse, Ce Couvent fut d'abord fondé à Retel Diocese de Reims, en 1631. mais la guerre etant survenu dans ce Pais là, les desordres quil laccompagnent ordinairement obligerent ces Religieuses en 1636 de Venir se refugier à Paris. l'Eglise de ce Couvent fut Construite et benie en 1663. la Prieure de ce Monas est élective par la Comunauté pour 3 ans ou pour sa vie.

le Combat des Animaux.

le Combat des animaux est une chose qui merite d'être vuë B. de Seve

l'hopital des Incurables.

Le Dessein de fonder un hopital pour les pauvres Malades dont la maladie est incurable, fut conçu par Margueritte Rouillé femme de Jacques le Bret, Conseiller au Chatelet la quelle donna à l'hotel Dieu par acte du premier octobre 1632 les biens quelle avoit à Chaillot, et 622.tt de rentes pour fonder un hopital qui porteroit le nom de hopital des pauvres Incurables de S. Margueritte idem

Jean Joulet Seigneur de Châtillon avoit eu le meme dessein et legua une partie de ses biens pour cette fondation.

Le Cardinal de la Rochefoucauld voulut y avoir part et legua pour cet effet environs 174000.tt

Cet hopital fut comencé sur les desseins et sous la Conduitte du S.r du Bois Architecte, on y travailla avec tant de vivacité qu'en 1636. il y avoit deja des Salles ou les pauvres Malades pouroient êtres reçus et traités.

Le Roi autorisa cet etablissement en 1637. ce fut en 1640. que l'on fit la Dedicace de la Chapelle de cet hopital sous le titre de l'Annonciation de N.e Dame. les malades sont servis par les Sœurs grises et par un Chirurgien qui gagne sa maîtrise en y servant 6. années consecutives.

Missions Etrangeres

Cette Maison fut fondée en 1663. par Bernard de S.te Therese Evêque de Babilone. l'Eglise qu'on y voit fut commencée en 1683. Cette Maison fournit des hommes Apostoliques qui vont precher l'Evangile aux Indes. Louis XIV. pour cette raison a reuni beaucoup de Benefices a cette Communauté: pour subvenir à l'entretien de ces zelés missionnaires. R. du Bac

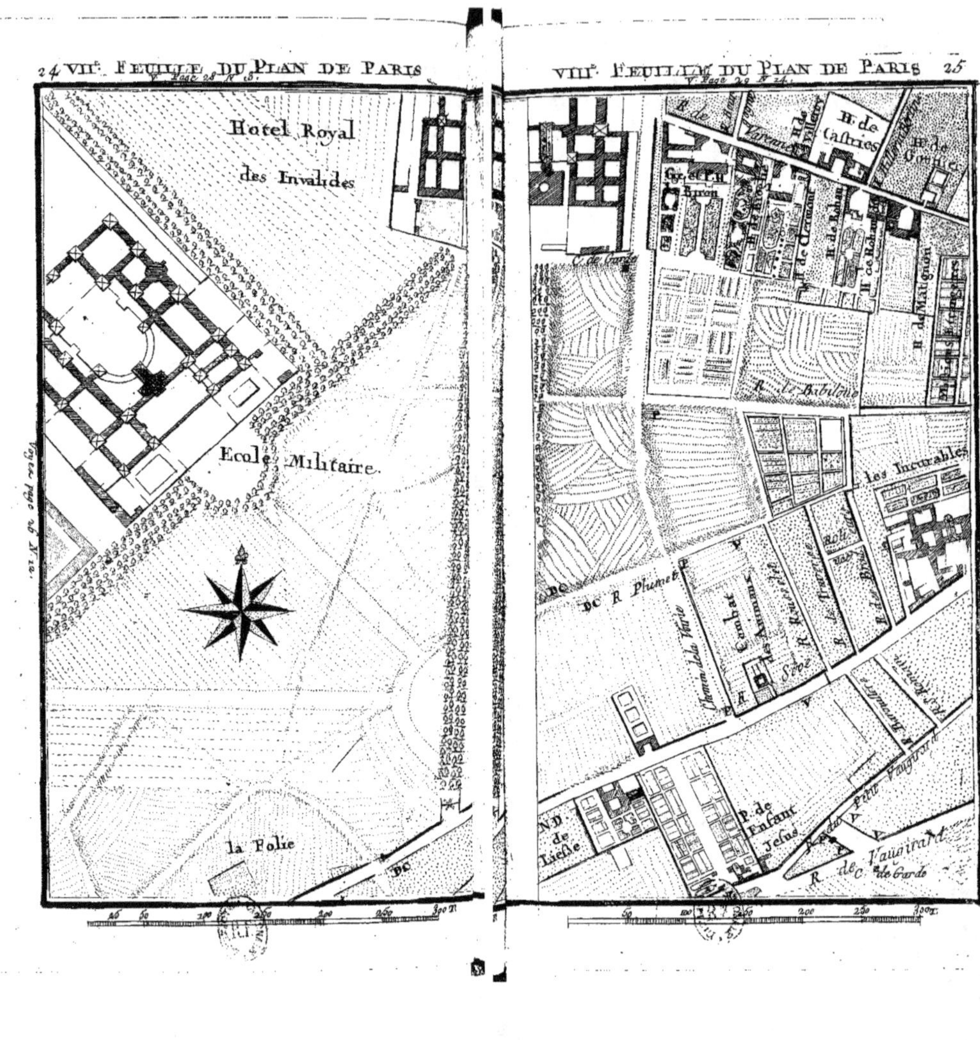
Hotel Royal
des Invalides
Ecole Militaire
la Folie
H. de Castries
H. de Gouffie
H. de Matignon
R. de Matignon
les Incurables
R. Plumet
Combat des Animaux
P. de Enfant Jesus
N.D. de Liesse
R. de Vaugirard
C. de Garde

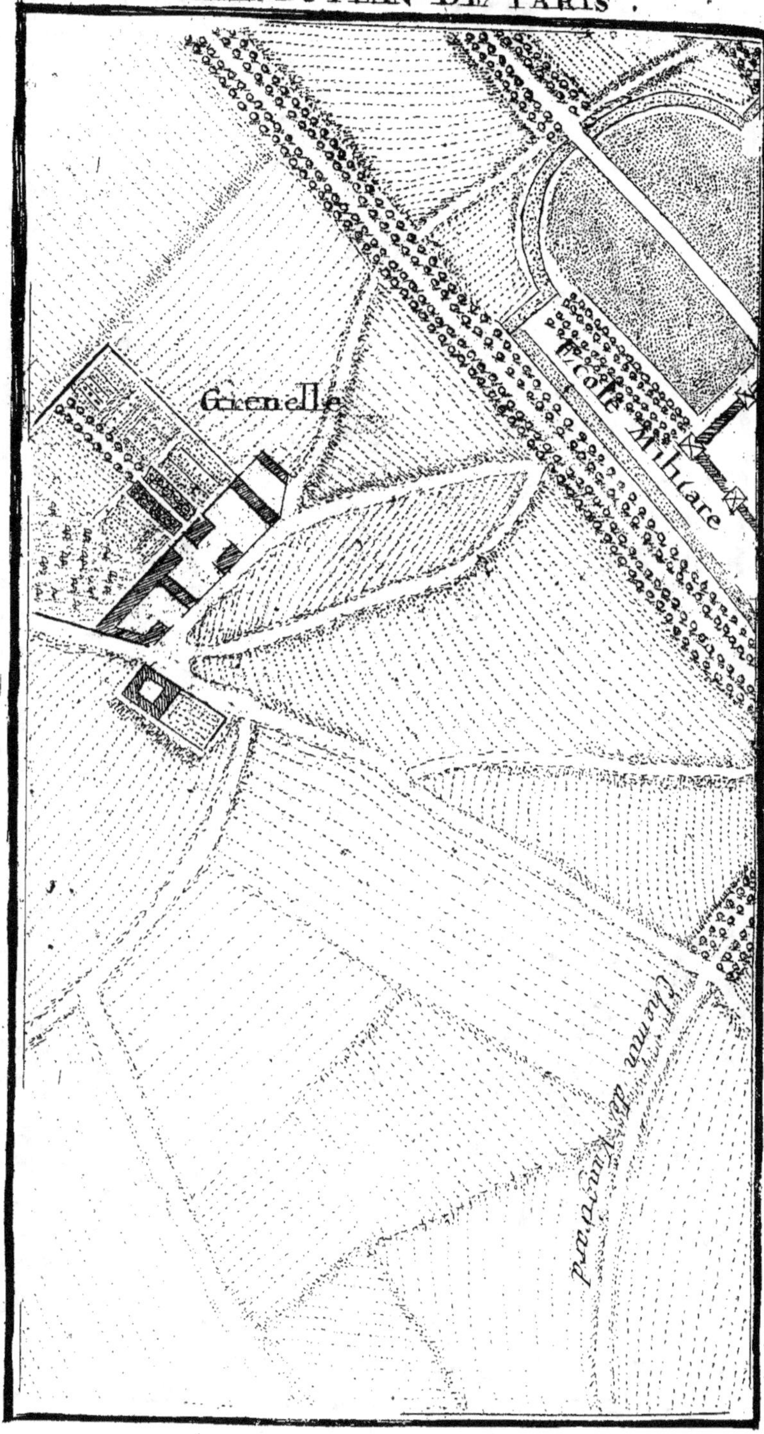

Grenelle

Ecole Militaire

Chemin de Vaugirard

le Palais Bourbon. *à present H. des Ambassadeurs extraordinaire*

Cet Edifice fut commence en 1722, sur les desseins du feu sieur Giardini, architecte Italien, et de l'Assurance éleve de Jules hardouin Mansart.

l'Abaye de Panthemont.

Ces Religieuses prirent possession de cette Maison en 1647 l'Eglise de ces Dames est très belle.

de S. Valere

Cette Communautée a été etablie dans cet entroit en 1706.

l'Eglise Succursale du Gros Caillou

Cette Eglise fut commencée le 19. mars 1738. et a été benie le 11 Aoust suivant.

les Champs Elisées

les Arbres furent plantés en 1670. le pont que l'on y voit sous le nom d'Antin a été construit en 1710. les Lanternes qui sont posées depuis les Thuilleries jusqu'à Chaillot furent mises pour la 1. fois en 1729.

le Cours Dauphin.

Ce Cours fut fait et planté en 1628. par ordre de la Reine Marie de Medicis. les Arbres furent replantés de nouveau en 1723.

Voyez page 32 N. 17.

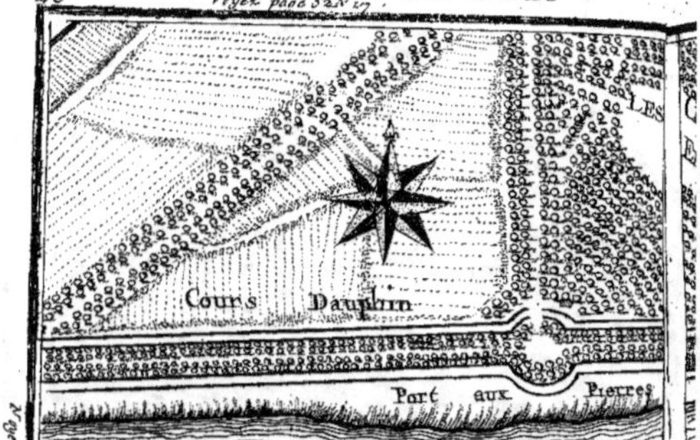

Voyez page 30 N. 18.

Voyez page 24 N. 20.

Voyez page 33 N. 16.

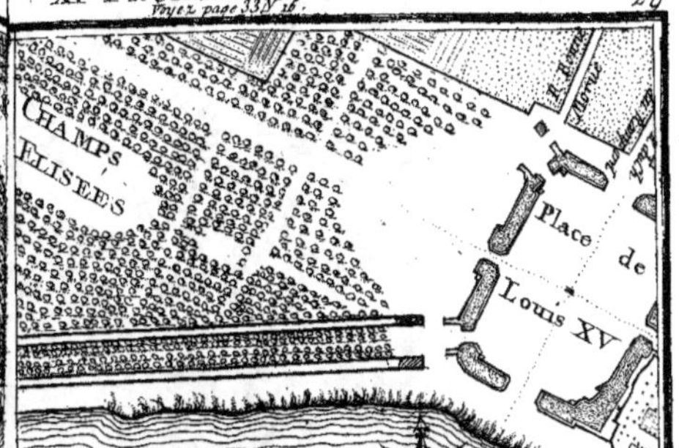

Voyez page 42 N. 3.

Voyez page 26 N. 14.

30 XII. FEUILLE DU PLAN DE PARIS

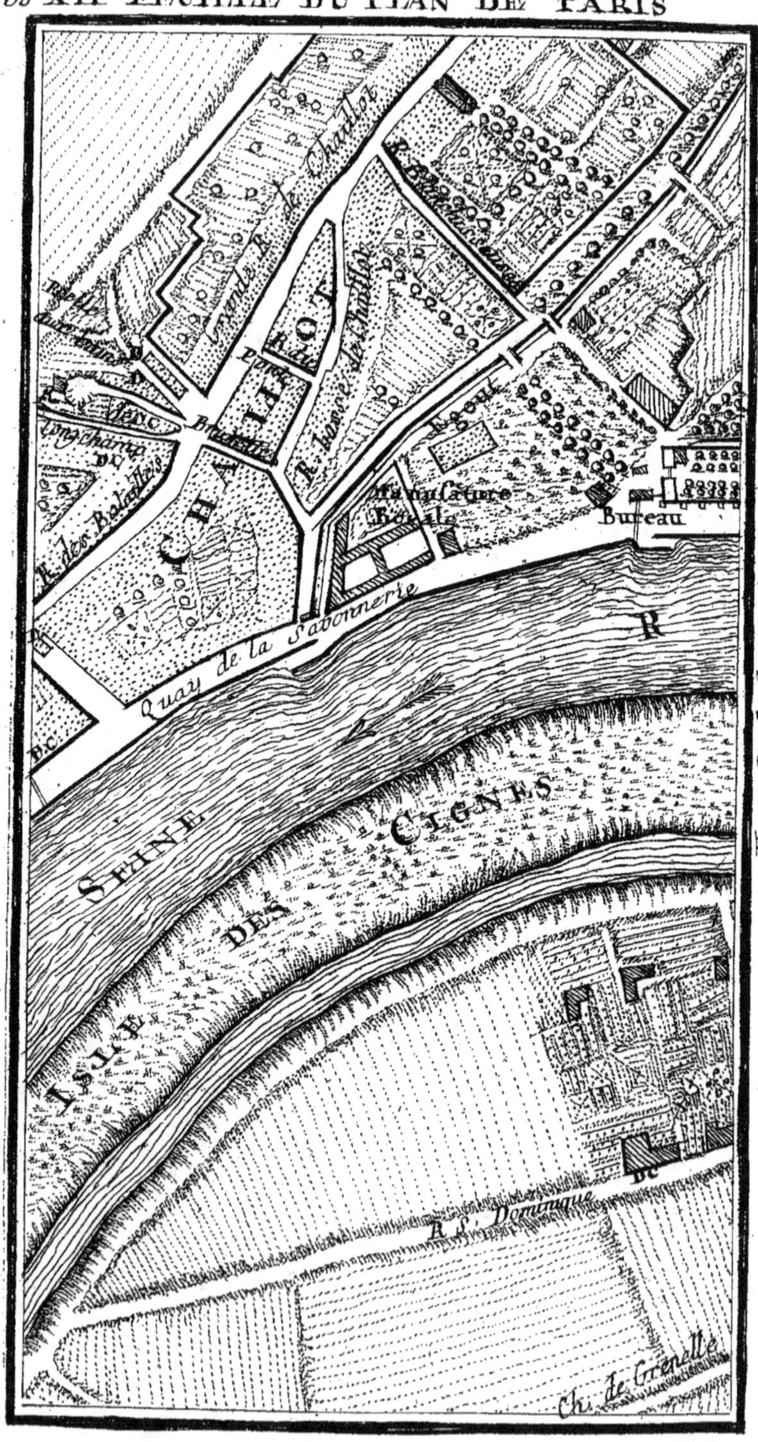

Voyez Page 28 Numero 18

S. JAQUES et S. PHILIPPE

la tradition veut que cette Eglise ait été dans son origine, la Chapelle d'une Maladerie; fondée par des ouvriers de la Monoïe du serment de france, pour huit d'entre eux que l'age et les infirmités mettoient hors d'état de pouvoir travailler. — ruë du Roule

Cette Chapelle fut érigée en paroisse vers l'an 1699. pour la commodité des habitans du Roule. C'est l'Archevêque de Paris qui en confere la Cure.

le Roule

le Roule fut érigé en Faubourg en 1722.

l'Hotel d'Evreux

l'Hotel d'Evreux est une grande Maison qu'on commença à bâtir en 1718. sur le Dessein et sous la conduitte de Mollet Controlleur General et Architecte. — R. du Faubourg S. Honoré

Nouvelle Pepiniere

Ce nom fait assez connoitre que c'est un lieu ou l'on éleve des fleurs, des Arbustes, et des Arbres pour en fournir à tous les jardins Roïaux. — ruë de Villiers

CHAILLOT

Chaillot fut erigé en faubourg de Paris en 1659. par Louis XIV. sans cependant que les habitans soient assujettis aux Charges et Status des Communautés des Arts et Metiers de la Ville de Paris

les Religieuses de la Visitation de Ste Marie

Ces Religieuses ont été établies en cet endroit, par henriette Marie de france, Reine d'Angleterre; la Serrurerie de la grde Porte de leur Eglise est très estimée. — Chaillot

les Coeurs d'henriette Marie de france, leur fondatrice, de son fils Jacques Stuart II. Roi de la Grde Bretagne, et de Louise Marie Stuart fille de ce Prince, sont deposés dans le Choeur de cette Eglise

les Minimes ou bons Hommes

On croit que ce Couvent fut fondé vers l'an 1512. par Anne de Bretagne Reine de france. et quelle posa la premiere pierre de l'Eglise, qui ne fut achevée que sous le regne de François I. — Chaillot

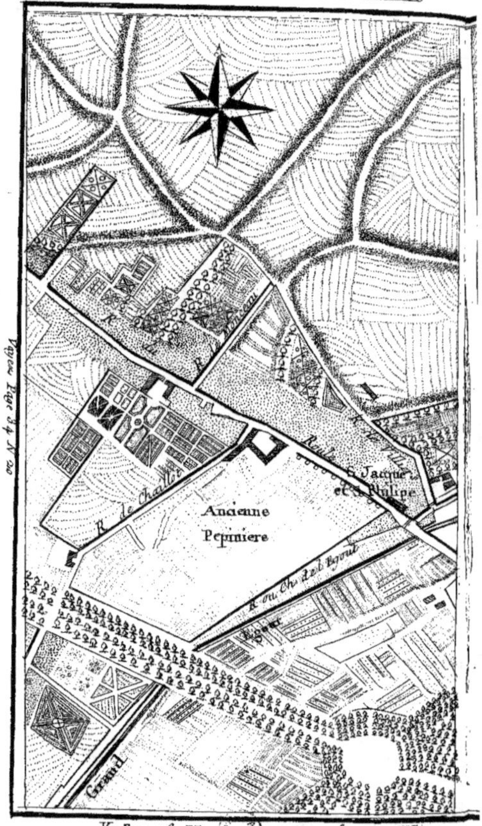

Voyez Page 34 N. 20

V. Page 28. N. 17

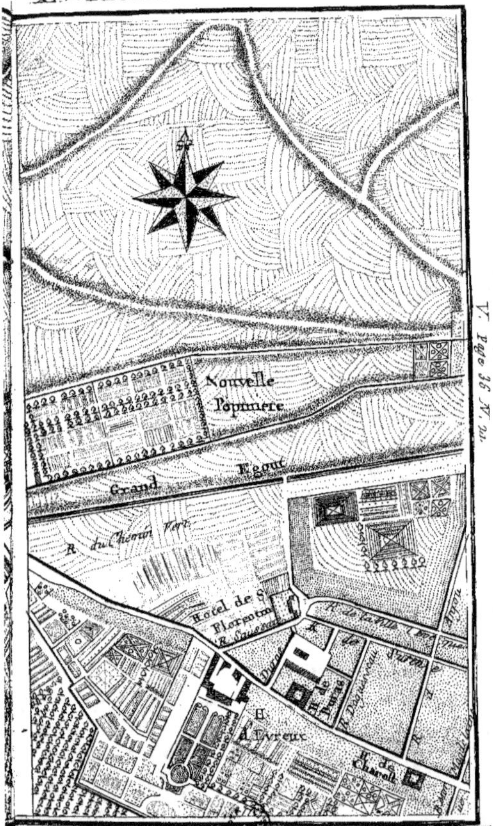

V. Page 36 N. 21

V. Page 29 N. 26

 XV.e FEUILLE DU PLAN DE PARIS

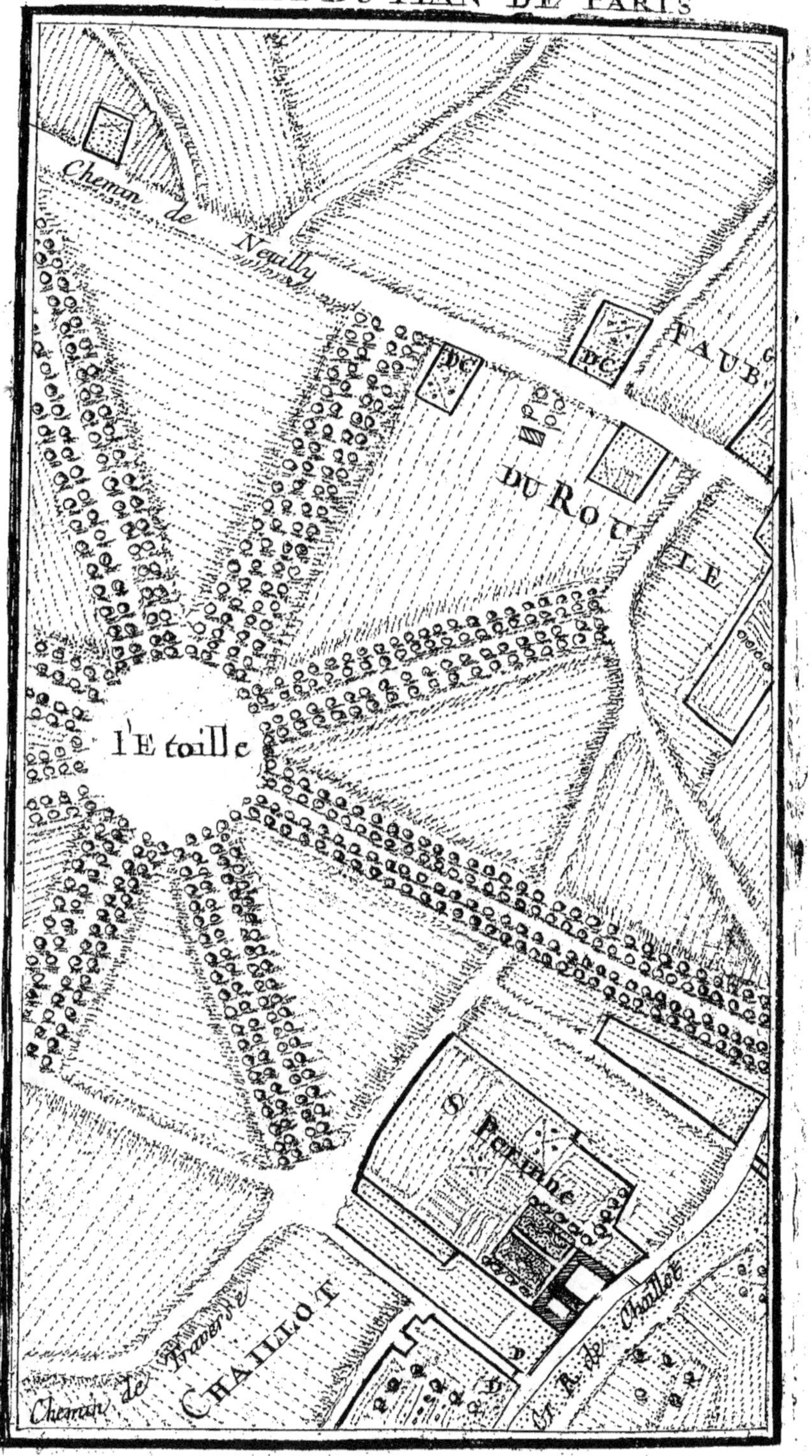

V. Page 30 N. 19.

LA MADELAINE DE LA VILLE L'EVEQUE

Cette Eglise n'etoit dans son origine qu'une Chapelle fondée par Charles VIII. laquelle a longtems servie d'aide à S. Germain l'Auxerrois. Ce Roi en posa la premiere pierre, et y fit instituer une Confrairie à la tête de laquelle lui et sa femme s'efirent inscrire. Cette Chapelle fut erigée en paroisse vers l'an 1639 dés lors on fut obligé d'y faire bâtir une Eglise capable de contenir les paroissiens. la premiere pierre de cette nouvelle Eglise fut posée en 1660, par Anne Marie Louise d'Orleans. peu de tems aprés il s'i éleva de grands differens entre les Curés de la Ville l'Eveque, et de S. Roch, au sujet des bornes de ces deux Paroisses. mais un Arrêt du Parlement determina ces differents en 1671. V.P 36

les Benedictines de la Ville l'Evêque

Ce prieuré qui est nommé le petit Montmartre, a été fondé en 1613. sous le titre de N. Dame de Graces, par Catherine, et Marguerite d'Orléans Longueville, Soeurs. idem

la Prieure de ce Couvent est trienale, et ne peut être continuée que 6 ans.

les Capucines

Ce Couvent fut fondé en 1601. par la Reine Louise de Lorraine, veuve d'Henri III. Roi de france. Ce fut Louis XIV. qui leur fit bâtir cette Maison ou elles sont aujourd'hui sur les desseins et sous la conduitte de françois d'Orbay Architecte la premiere piere en fut posée en 1686. et fut finie en 1688. Ce Batiment a couté prés d'un million au Roi. l'Eglise est petite mais propre le Maître Autel est orné d'une descente de Croix, qui est un des meilleurs tableaux de Jouvenet. On y remarque trois Chapelles, qui, par les beaux Monuments qu'elles renferment sont dignes du regard des Curieux, tels que sont les tombeaux de Charles Duc de Crequi sculpté par Pierre Mazeline et Simon Hurtrelle; celui de Monsieur de Louvois est de plusieurs sculpteurs. la representation du Marquis de Louvois, avec celle de Minerve, qui est au bas du grand Socle, est l'ouvrage de Girardon. la figure qui est prés de ce Ministre representant Anne de Souvré de Courtenvaux, sa femme, a été comencée par Martin des Jardins, et finie par Vanclève, de l'autre côté de Minerve, est la Vigilance sculptée par des Jardins. idem

C'est dans cette Eglise que repose les Reliques de S. Ovide.

les Filles de S. Thomas

Ces Religieuses prirent possession de cette Maison vers l'an 1652. R.N. de S. Augustin

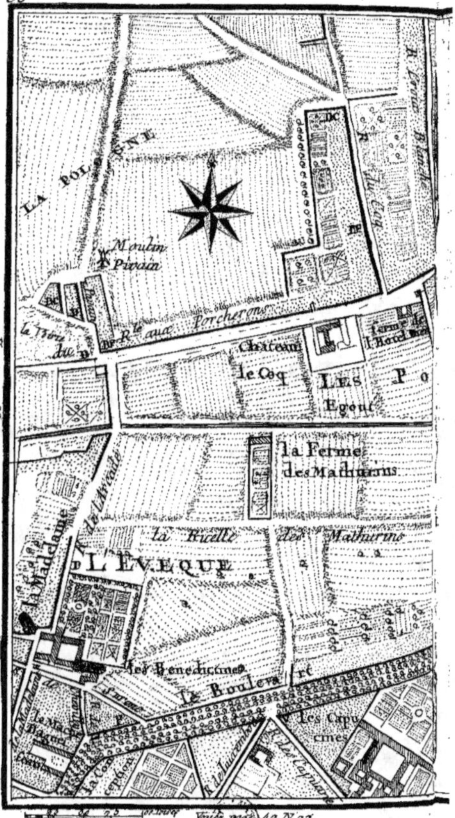

LA POLOGNE
Moulin Pivain
R. aux Porcherons
Chateau
le Coq
LES PO
Egout
Ferme de l'Hotel Dieu
R. du Coq
la Ferme des Mathurins
la Ruelle des Mathurins
L'EVEQUE
la Madeleine
les Benedictines
le Boulevart
les Capucines
le Marché d'Aguesseau

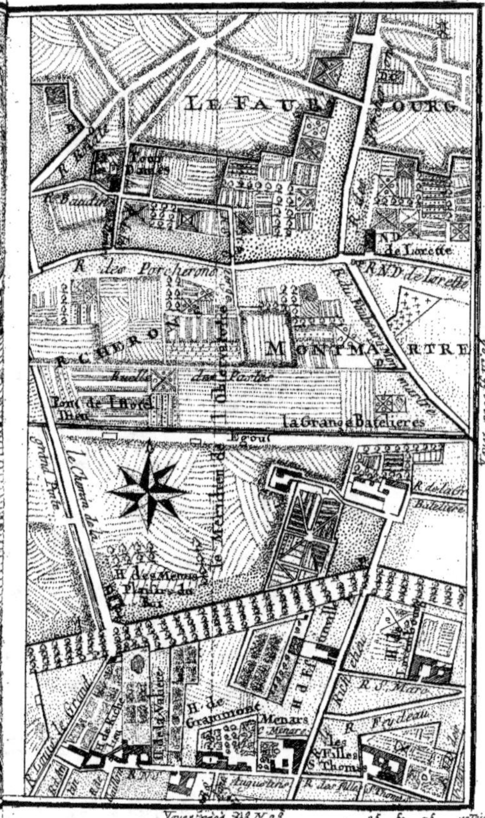

LE FAUBOURG
R. des Porcherons
PORCHERONS
MONTMARTRE
N.D. de Lorette
R. N.D. de Lorette
Ruelle des Porches
Pont de l'Hotel Dieu
la Grange Batelieres
Egout
Le Chemin de la Grand Pinte
H. des Menus Plaisirs du Roi
H. de Grammont
Menars
R. de la Gr. Bateliere
R. S. Marc
R. Feydeau
les Filles S. Thomas
R. des Filles S. Thomas
Augustins
Voyez page 42 N. 22
Voyez page 43 N. 23

Je commence la description des deux Plans suivants, par la chose la plus frapante qu'il y ait c'est le Louvre.

LE LOUVRE

Le Louvre est le plus célebre Edifice de Paris, s'il étoit achevé il pourroit passer pour un des plus beaux, des plus spacieux et des plus solides Palais de l'univers, on distingue ordinai-
V Pag 48 rement ce palais en vieux, et nouveau. Louvre. quoique ce soit un seul Corps de Batiment; le plan de tout cet édifice est un quarré parfait au milieu duquel est une Cour de soixante trois toises aussi en quarré. François premier en jetta les fondemens en 1528. Apres la mort de ce prince, son fils Henri II. le fit continuer tel qu'il est aujourd'hui, et se servit de l'Abbé de Clagni excellent Architecte, et quant aux ornements de Sculpture qui sont d'une beauté inestimable, il furent exécutés par le fameux Jean Gougeon. les successeurs de Henri II. ont travaillés a perfectionner cet Edifice. On distingue les différents ouvrages des Rois par leurs chifres et leurs dévises qui sont sculptés dans les frises, et sur les Clefs des arcades. Louis XIV. est de tous les Rois celui qui a le plus contribué a perfectionner ce Palais. il n'y a point de piéce qui ne merite l'admiration des connoisseurs.

LE PALAIS DES TUILLERIES

Ce fut la Reine Catherine de Medicis qui fit jetter les fondemens de
†en 1564 cet Edifice† dans un lieu fort negligé, où l'on fabriquoit des Thuilles, par 2 Architectes françois Philbert de l'Orme et Jean Bullan, le premier ; . . . . Abbé de S. Eloi de Noyon. et habile archi-
V. p. 42 tecte est le premier qui ait ôté l'habit Gothique a l'Architecture françoise.

Le Jardin des Tuilleries

Ce Jardin a été commencé en 1600. sous la conduitte d'André le
Idem Nostre. personne avant lui n'avoit porté le jardinage aussi loin qu'il a fait. on remarque sur la terrasse qui regne le long de la facade du Chateau six Statuës et deux vases. les trois qui sont du Coté de l'eau sont de Coustou. et celle qui sont du coté du Manege sont de Coyzevox. le Pourtour du grand Bassin qui se voit au milieu du parterre est decoré de 4. Groupes de marbre blanc dont le 1. represente Lucrece. qui ne pouvant survivre a la violence que le jeune Tarquin lui avoit faite se poignarde en presence de Collatin son mari. Ce Groupe a eté commencé par Theodon et fini par le Pautre. vis avis en est un autre d'Enée qui porte son pere Anchise, et qui mene son fils Ascagne par la main. il est de le Pautre. le 3e. Groupe represente l'enlevement d'orithie, par le vent Borée: c'est l'ouvrage d'Anselme Flamen, le 4e. est l'enlevement de Cibelle par Saturne &c. Ce Groupe a été Sculpté par Renaudin.

Entre la grande piece d'eau et le fer à cheval on voit 4. piedestaux de marbre, dont deux representent le Tibre, et le Nil: ils ont été copiés à Rome d'après l'Antique. les autres sont la Seine, Sculpté par Coustou, et la Loire, par Vanclève au haut du fer a cheval sont deux Chevaux ailés dont l'un porte une Renommée et l'autre un Mercure. C'est l'ouvrage de Coyzevox.

le Pont Tournant.

Ce Pont qui est d'un dessein ingenieux fut construit en 1716 il facilite la communication des Tuilleries avec la place de Louis XV.

l'Assomption.

Ces Religieuses s'établirent dans cette Maison en 1622. le Batiment de leur Eglise a été longtems imparfait: cet edifice est un Dome peu estimé

les Capucins.

le Roi henri III. fit batir ce Couvent dont l'Eglise ne fut achevée qu'en 1610. elle est fort simple. le Tableau du maître Autel est de le Brun. le fameux Comte de Bouchage y fut inhumée en 1608.

les Feuillans

Ce Couvent doit son etablissement à Henri III. Roi de france. l'Eglise qui n'a été achevée qu'en 1601. a plusieurs choses de remarquables que la brieveté de ces extraits ne permettent point d'expliquer.

la Conception.

Les Filles de la Conception sont du tiers ordre de S. françois; firent bâtir ce Couvent en 1635 près de là étoit la porte S. Honoré qui fut demolie en 1733.

la Place de Louis le Grand.

Cette Place a eté bâtie sur les desseins d'Hardouin Mansart la Statue de Louis XIV. est d'un seul jet et a 20 pied de hauteur. cette figure fut jettée le 1. de Decembre 1692. par Jean Balthazar Keller, d'après les desseins et modele de Girardon. l'on assure qu'il y entra 70500. livres de metail.

les Jacobins.

Ce Monastere fut fondé par le Cardinal Pierre de Gondi. Eveque de Paris en 1604. le Batiment de ce Couvent et celui de son Eglise n'ont par eux memes rien de remarquable mais il renferment de très belles choses. Le Maître Autel est décoré d'un excellent tableau de francois Probus. a main gauche de cet Autel est une magnifique Chapelle ou se voit le tombeau du Marechal de Crequi executé sur les desseins de le Brun. la figure de ce Heros, est de Coyzevox.

S Roch. p 43

Cette Eglise fut erigée en Paroisse vers l'an 1633. l'Eglise que l'on voit fut commencée en 1653. la première pierre en fut posée par Louis XIV. le Portail de cet Edifice a ete construit sur les Desseins de Robert de Cotte, et executé par Jules Robert de Cotte son fils. les 2. groupes qui sont au haut du 1. ordre, sont de Claude Francin

le Carousel

Cette Place a pris son nom du Carousel que Louis XIV. y donna en 1662. a la Reine mere et a la Reine son Epouse.

S. Thomas du Louvre.

Cette Eglise fut fondé en 1188. par Robert C. de Dreux. on y voit le tombeau de Melin de S. Gelais Abbé de Recluse

S. Nicolas du Louvre

P 42 Ce College a été fondé en meme tems et par le même fondateur que S. Thomas du Louvre.

le Chateau d'eau ainsi nommé à cause des Reservoirs d'eau qu'il renferme. Ce fut Philipe Duc d'Orleans Regent, qui le fit construire en 1719. sur les desseins de Cotte; admirés les 2. figures qui y sont; à demi couchées, elles sont de Coustou.

les Quinze Vingts Cet hopital fut fondé par S. Louis pour 300. pauvres Aveugles. il fut commencé a batir en 1254. ce fut Eudes de Montreuil Architecte de S.t Louis. qui en eut la conduitte C'est un lieu privilegié.

LE PALAIS ROYAL.

le Cardinal de Richelieu jetta les fondements de ce Palais en 1629. sous la direction de Jacques le Mercier, le plus habile architecte de son tems. il acheta a cet effet les Hotels de Mercoeur. et de Rambouillet sur le terrein desquels il le fit bâtir et il fut achevé en 1636. on le nommoit alors le Palais Cardinal, il a conservé ce nom jusqu'en 1643 que Louis XIV. et la Reine Regente sa mere y étant venus loger après la mort de Louis XIII. il fut appellé le Palais Roial.

quoique la façade de ce palais ne soit pas des plus belles. les apartemens en sont très beaux, presque tous sont ornés d'un grand nombre de tableaux faits par les plus excelents peintres.

le Jardin qui étoit ci devant du dessein d'André le Nostre a été entierement détruit à la reserve de la grande allee de Maroniers, il sert de promenade au Public, par la bonté du Prince qui le possede

la petite rué qui est a coté de ce palais s'ert d'entrée à l'Opera.

la Bibliotheque du Roy.

Dans cette Bibliotheque on y compte environ 76000. volumes et plus de 15000. manuscrits en differentes langues: hebraique Syriaque, Cophte Arabe, Turque, Persienne, Greque et Latine, on y voit aussi P 43 ce qu'on appelle le tombeau de Childeric, pere du grand Clovis.

Hotel des Fermes Cet Hotel occupé autrefois par l'Illustre Pierre Seguier Chancellier de france, étoit le refuge des infortunés. Ce grand Magistrat aimoit passionnement les Sciences et les protegeoit de tout son pouvoir. Cet hotel à bien changé depuis d'usage et de disposition.

Hotel de la Compagnie.

Cet Hotel a porté le nom de Palais Mazarin jusqu'en 1719. que le Roi en fit l'acquisition et le donna a la Compagnie des Indes pour y tenir ses Bureaux

les Petits Peres. Ce monastere fut fondé par Louis XIII. l'Eglise fut dédiée en 1629. sous le titre de N. Dame de la Victoire à cause que ce monarque venoit de soumettre la Rochelle. Dans une chapelle de l'Eglise on voit le tombeau de Lully fameux musicien dans la Maison de ces Peres il y a un très beau Cabinet Medailles.

la Place des Victoires

C'est ici l'ouvrage de reconnaissance de François Vicomte d'Aubusson de la feuillade, pour toutes les faveurs et toutes, les graces qu'il avoit reçues de Louis le Grand. la Dedicace de cette place se fit le 26. de Mars de l'année 1686. V. P. 43.

C'est Martin Vanden-Bogaert conn^e sous le nom de des-Jardins, qui a donné les Desseins et qui a conduit la fonte de ce superbe Monument

l'Hotel de Toulouse

Cet hotel a été élevé en 1620 l'Architecture de cet édifice est du vieux Mansart. la porte passe pour être un chef d'oeuvre de cet habile maître. R. de Toulouse

S. HONORÉ

Cette Eglise qui est Collegiale fut fondée en 1204. par Renold de Chereins. le Maître Autel a été décoré par Champagne. R. S. Honoré

on voit dans cette Eglise le Mausolé du Cardinal du Bois. il est de Coustou le jeune

les Peres de l'Oratoire

Cette Congregation qui a donnée de si grands hommes a été institué par le Cardinal Pierre de Berule en 1611. le tabernacle du maître Autel de leur Eglise a été executé sur les desseins d'un de ces peres on voit dans une Chapelle le tombeau de leur fondateur idem

DE S. GERMAIN L'AUXERROIS.

Cette Eglise est Roïale, et paroissiale en cette qualité elle a l'honneur et l'avantage d'avoir le Roi pour paroissien. on prétend que Childebert en est le fondateur, et qu'il la fit bâtir vers l'an 555. Ce qu'il y a de curieux est la tribune ou jubé c'est un excellent morceau d'Architecture. on voit aussi plusieurs Chapelles ornées de tableaux excellents sur tout ceux de la paroissiale qui répresentent S. Vincent et S. Germain, patrons de cette paroisse, peints par Champagne. R. de l'Arbre Sec

le Pont Neuf

C'est un des plus beaux ponts qu'il y ait en europe. il fut commencé du tems d'henri III qui y mit la 1. pierre. et henri IV. le fit achever il fut fini en 1604. on voit sur ce Pont V. P. 43

la Samaritaine

cé petit Edifice elevé sous le regne d'henri III est une pompe, ou machine hydraulique, qui conduit l'eau au Louvre et au Thuilleries. en 1715. on decora cette pompe, comme on la voit a present sur les desseins de Robert de Cotte premier Architecte du Roi. on y voit aussi la Statue equestre de henri IV. idem

la Pl.e Dauphine Ce fut Henri IV qui donna le plan de cette place en memoire de la naissance de Louis XIII. idem

le College des quatre Nations.

Ce College a été fondé par le Cardinal de Mazarin. on voit dans l'Eglise le tombeau de ce célèb.e Ministre. c'est l'ouvrage de Coyzevox, célebre Sculpteur. françois d'Orbay, sçavant Architecte a donné tous les desseins de ce somptueux Edifice. la Bibliothêque de ce College s'ouvre 2 fois la semaine. le Lundi et le Jeudi Q. des 4 Nations

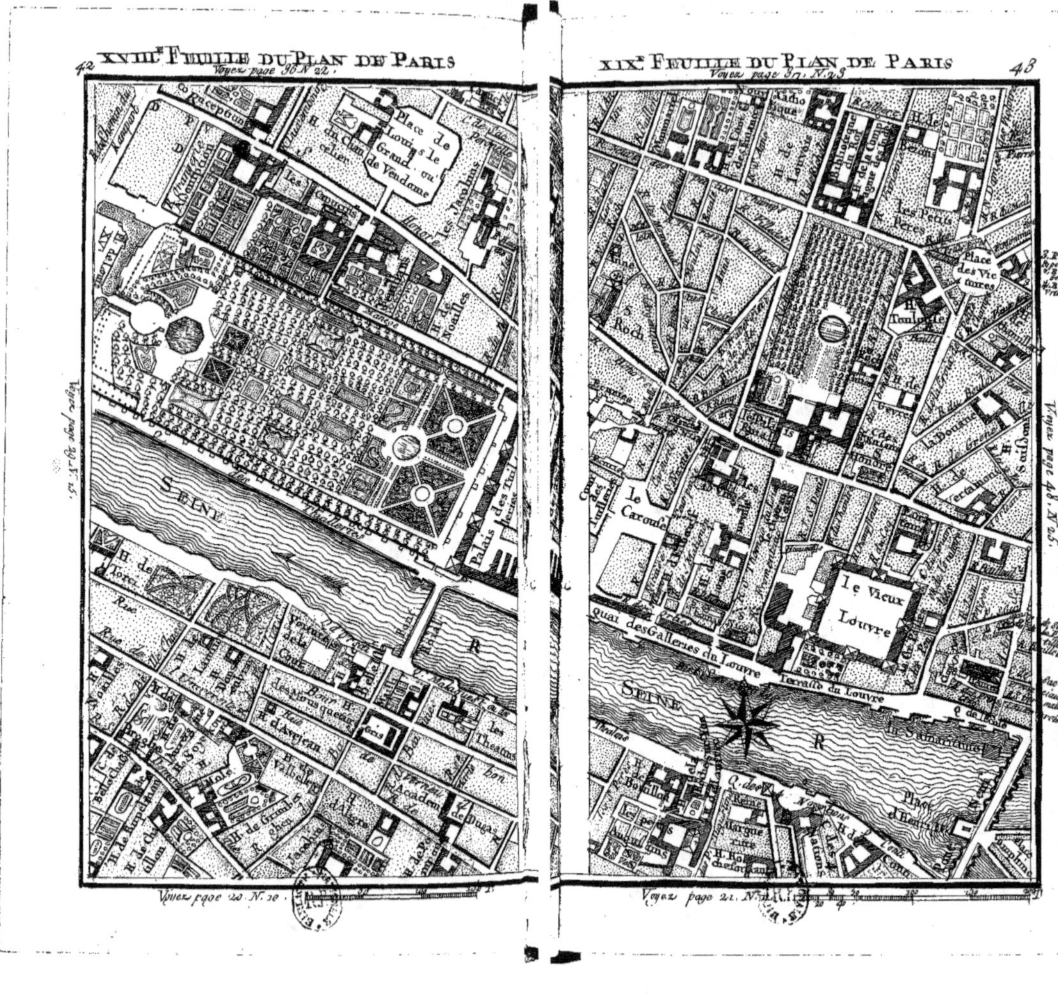
42
XVIIIe Feuille du Plan de Paris
Voyez page 96 N. 22.
Place de Louis le Grand ou de Vendome
Les Capucins
Seine
Palais des Tuileries
Voyez page 20 N. 5.
Voyez page 20 N. 10
XIXe Feuille du Plan de Paris
43
Voyez page 37 N. 23
Place des Victoires
Les Petits Peres
S. Roch
Le Carousel
Le Vieux Louvre
quai des Galleries du Louvre
Terrasse du Louvre
Seine
La Samaritaine
Place d'Henri IV
Voyez page 48 N. 5.
Voyez page 21 N.

les petits Augustins

R des P Augustin

la Maison de ces peres n'a rien d'extraordinaire, leur Eglise est sous le titre de S. Nicolas de Tolentin, la figure de l'Agonisant dans la niche au milieu du maitre Autel, a la place d'un tableau, est d'une excellente beauté; les grands connoisseurs en estiment la tête à cause de son expression extremement touchante.

les Théatins.

Quay Malaquet

Ces Peres sont venus à Paris vers l'an 1644. le Cardinal de Mazarin voulut être leur fondateur, et leur acheta la maison qu'ils occupent aujourd'hui, dont il ne prirent possession que le 27. de Juillet 1648. Louis XIV. pour faire honneur aux peres Théatins assista à la ceremonie de leur instalation accompagné de la Reine sa mere Anne d'Autriche: il ordonna que cette Eglise seroit appellée S.t Anne la Roiale. le Coeur du Cardinal de Mazarin est inhumé dans l'Eglise.

V. Page 42

le Pont Royal. les fondations du Pont Roial, furent jettées le 25. octobre 1685. sous la conduitte du frere Romain Religieux convers de l'Ordre de S. Dominique.

R S. Dominique

Belle Chasse. C'est un prieuré de Chanoinesse, sous le titre du S. Sepulcre, qui suivent la regle de S. Augustin on les appelloit autrefois les filles à Barbier, du nom d'un Maltotier, leur bienfaiteur qui leur donna la plus grande partie du terrein quelle occupent.

le Convent du Noviciat des Jacobins reformés

Idem et R du Bac

Ce Monastere, fondé par le Cardinal de Richelieu, dépend immediatement du General de cet Ordre. Il est destiné pour former des Sujets propres a des missions pour differents endroits —— du Royaume. Pierre Bulet, architecte, a donné les desseins de Eglise le plafond du Choeur est peint par le Moine, premier peintre du Roi. Andrei, simple frere de cette maison a décoré l'Eglise de plusieurs de ses ouvrages. C'étoit un peintre de merite mais ce qui fait son éloge c'est que les peintres memes, l'ont regardés comme —— un habile artiste. le frere Romain qui entreprit le pont Roial etoit de cette Maison.

les Filles Dieu.

On croit que ce fut Guillaume d'Auvergne Evêque de Paris qui en fit l'etablissement en 1226. S. Louis leur fit de grands biens c'est ce qui le fait regarder comme le fondateur de ces filles. R S Denis

la Cour des Miracles.

Auparavant que l'hopital general fut fondé on renfermoit les Mendians dans cette Cour

l'Union Chretienne est un Chef lieu d'une Congregation de filles etablies pour l'instruction des nouvelles Catholiques

S. SAUVEUR.

l'Eglise de S. Sauveur a commencée par une petite chapelle, nommée la Chapelle de la Tour, parcequelle tenoit a la tour quarrée que l'on voit encore aujourd'hui au coin de la rue S. Sauveur On croit que la Chapelle de la Tour devint paroissiale en 1560. l'Eglise que l'on voit aprésent a été batie sous le regne de françois premier. La Chapelle de la Vierge est digne de l'attention des connoisseurs. Blondel Architecte Jean Baptiste le Moine fils, Sculpteur, et Noel Nicolas Coypel Peintre, ont a l'envi décorés cette Chapelle. idem

l'hopital de la Trinité.

Cet hopital a eté fondé par deux Gentils hommes Allemans. ce fut le 20 Decembre de l'année 1547. que les pauvres enfans destinés a etre elevés dans cet hopital y coucherent pour la premiere fois idem

S. JACQUES DE L'HOPITAL.

l'hopital et l'Eglise doivent leurs fondations a une Confrairie de Bourgeois de Paris, qui avoient fait le voyage de S. Jacques de Compostel en Galice. Ce fut Jeanne de france fille de Louis X. dit le hutin, Reine de Navarre qui posa la premiere pierre de l'Eglise en 1322. et l'hopital fut fondé en 1317. idem

S. LEU et S. GILLES.

l'Eglise de S.t Leu-Saint-Gilles fondée par Guillaume III. Evêq. de Paris, en 1235. n'etoit d'abord qu'une Chapelle succursale de la Paroisse de S. Barthelemy. Elle a eté reparée en 1611. et érigée en Paroisse en 1717. le Choeur, qui est décoré de plusieurs tableaux trés éstimés, et les Chapelles ont eté rebâties, le grand autel est d'une Cloture de marbre et d'un tableau du célébre Probus. on y voit aussi le tombeau de l'epouse du president Chretien de Lamoignon, fait par Girardon, idem

les Filles Penitentes.

Les filles repenties de S. Magloire furent instituées l'an 1492 par Jean Tisseran, Cordelier. Elle furent d'abord instalées a l'endroit ou est aujourd'hui l'hotel de Soissons, ensuitte a l'hopital de S. Jacques du haut pas. Ce ne fut qu'en 1580. qu'elles furent residentés ou elles sont aujourd'hui. idem

S. Magloire.

Cette Eglise n'a rien de remarquable que le Mausolé d'André Blondel, Controlleur general des finances, c'est un chef d'oeuvre de Maître Ponce.

le Sepulchre

Voyez Ce fut en 1323. que l'on posa la première pierre de cette Eglise le tableau du Maître Autel est de le Brun.

LES SS. INNOCENS.

Cette Eglise est paroissiale et n'a rien d'extraordinaire, le Page tableau du Maître Autel qui represente le massacre des Innocents, est de Corneille.

la Fontaine des Innocens.

Prés de là est la fontaine du nom de cette Paroisse. Ce bel ouvrage a été fait sur les desseins de l'Abbé de Clagny, fameux 48 Architecte, l'accord ~~qu'il~~ qu'il y a entre l'architecture et la Sculpture font juger que Jean Gougeon, habile Sculpteur étoit aussi un excellent Architecte. Cette fontaine fut érigée en 1550.

le Cimetiere des Innocens.

C'est Philipe Auguste qui vers l'an 1188. le fit Clôre de muraille. en ce tems là il y fut enterré un enfant que des Juifs avoient crucifié à Pontoise.

les Halles.

Ce fut Louis VI. dit le Gros qui le premier, y établit un marché pour les Merciers et les Changeurs. Philipe Auguste en 1180. y fit batir deux halles qu'il fit entourer de murailles.

idem les halles s'étoient considerablement agrandies lorsque Henri II. les acheta toutes, les fit jetter bas pour y faire rebatir celles que nous y voyons apresent. les halles sont le Centre du Commerce le quartier le plus riche de Paris.

S. EUSTACHE.

C'étoit originairement une fort petite Chapelle, sous le titre de Ste. Agnés, d'une fondation assés ancienne. Cette Paroisse depend de St. Germain l'Auxerrois. l'Eglise de S. Eustache, comme on la voit a present, a été commencé en 1530 et n'a été idem achevée qu'en 1642. on y éleve depuis quelques années un trés beau portail, en place de l'ancien qui étoit d'un gout des plus bizares. les 6. Statuës de marbre qui ornent le maitre Autel de cette Eglise sont regardées comme des chefs d'oeuvres de Jacques Sarrazin. la Statuë de S. Louis est faite à la ressemblance de Louis XIII. Celle de la Vierge, est le portrait d'Anne d'Autriche, l'enfant Jesus qu'elle tient entre ses bras est Louis XIV. encore Enfant. Entre les personnes de nom, inhumées dans cette Eglise ~~est~~ est Jean Baptiste Colbert, mort en 1683. On voit le tombeau de ce Ministre, qui est du dessein de le Brun. et l'exceution de Baptiste Auby et d'Antoine Coyzevox.

les FF. S. Agnes les Filles de S.t Agnes furent etablies vers l'an 1677 par la Sœur Anne Pasquier.

l'hotel Soissons

Cet hôtel qui n'est plus a changé depuis environ 500 ans plus de 20 fois de maîtres. il a servi de demeure aux plus grands princes du Monde. Bulant fut l'architecte de la tour ou Colonne Isolée qu'on voit dans cette Place

la Croix du Trahoir Ce Pavillon a été bâti en l'année 1606. C'est la qu'on execute les faux monnoyeurs.

l'hotel de la mon.de Cet hotel occupe un assez grand espace de terrein. l'on y fabrique les especes d'or et d'argent et les menües monoyes du Quai de la Migisserie

Ce Quai fut Pavé pour la premiere fois sous François I. en 1529. on le nomme aussi le Quai de la Feraille.

Le Pont au Change

Ce pont a eu le même sort que le petit Pont en 1621. et fut rebati en 1639. tel qu'il est aujourdhui. On voit sur ce pont la Statue de Louis XIV. agé de 10. ans au milieu de Louis XIII et de la Reine Anne d'Autriche. Sculptées par Simon Guillain.

On y voit aussi à l'autre bout sur le pignon qui fait l'angle du côté du Palais un Meridien qui a été tracé par M. de Cassini (digne fils du grand Cassini) mort depuis peu. et ressussité en la personne de M. Cassini de Thuri, son fils. homme d'un gr. merite

la Conciergerie

Le Jardin du Roi etoit autrefois ou est aujourd'hui la Conciergerie et on le nommoit le grand Preau.

le Gr. Chatelet

On dit que cette forteresse a etée batie par Jules Cezar: hors quelques vielles Tours le reste a été rebati en 1684. C'est ou les Jurisdictions Civiles, Criminelles et de police de la ville prevoté et Vicomté de paris tiennent leurs sieges, distingués en differentes Chambres.

la Chapelle de S. Eloi

Cette Chapelle fut bâtie en 1550. aux depens des orfevres, l'on voit dans cette Chapelle quelques figures de Germain Pilon.

S. OPORTUNE

Cette Eglise qui est très ancienne ne fut dans son commencement que la Chapelle d'un hermitage qui etoit près d'un bois.

derriere cette Eglise, est la place Gatine. C'est l'endroit ou etoit la maison d'un riche marchand. qui fut brulé vif pour avoir tenu des assamblées de Calvinistes. la Croix que l'on voyoit autrefois dans cette place, a été transportée dans le Cimetiere des S.ts Innocens. c'est un morceau digne du fameux Gougeon.

la rue de la Ferronnerie C'est dans cette rue que l'execrable Ravaillac assassina Henri IV. en 1610.

V. page 56 N. 26

V. page 43 N. 26

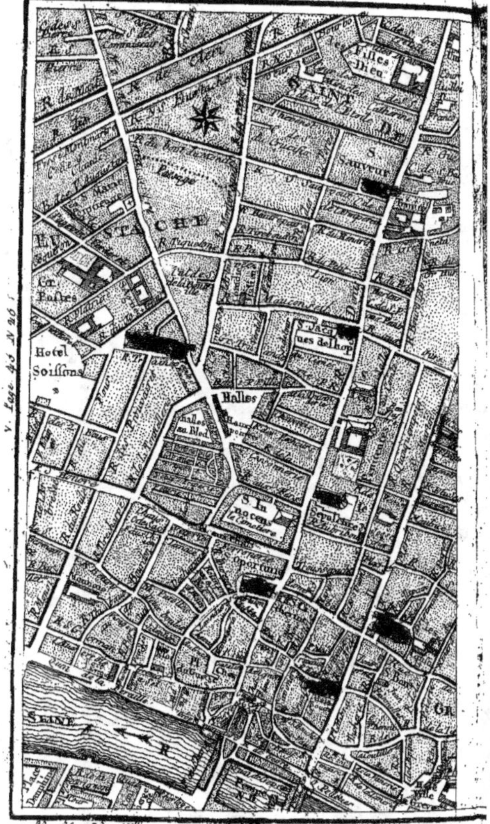

Filles Dieu
Saint
S. Sauveur
Stache
Gr. Postes
Hotel Soissons
Halles
Halles au Bled
S. Innocens
Seine

Voyez page 13 N. 5

1 R. des Teinturiers
2 R. S. Jerome
3 R. de la lanterne

Voyez page 56 N. 28.

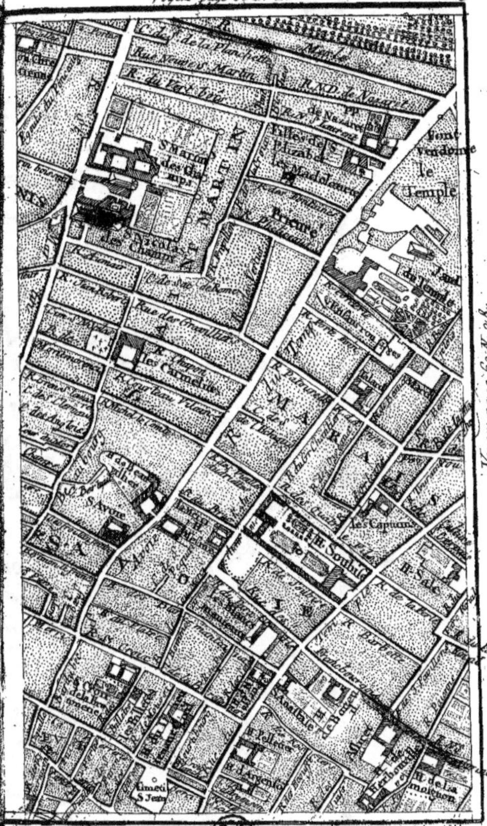

Rue Neuve S. Martin
R. N. D. de Nazareth
Filles de S. Elizabeth
les Madelonettes
S. Martin des Champs
S. Nicolas des Champs
Prieuré
Le Temple
les Carmelites
Marais
les Capucins
H. Soubise
H. Salé
S. Jean
H. de la Moignon

Voyez page 60 N. 28.

Voyez page 13 N. 6.

l'hopital de S. Catherine.

V. Page 48

Cet hopital est très ancien, et est occupé par les Religieuses de S. Augustin. Dans cet hopital on loge pendant 3. jours les servantes sans condition. Ces Dames sont obligées de faire enterrer les corps de ceux qu'on trouve mort en divers endroits de la Ville la Statuë de S. Catherine qui est a la porte de cet hopital est louvrage de Thomas Renaudin.

S. Josse.

idem

Cetoit anciennement une Chapelle bâtie dans le meme lieu ou S. Josse avoit logé en passant a Paris, elle fut erigée en paroisse en 1260.

S. Jacques de la Boucherie.

Cette Eglise a pris son nom de la Boucherie qui est a la porte paris. Elle netoit anciennement qu'une Chapelle; batie vers l'an 954. cette Eglise devint parroissiale en 1200. On commença a l'agrandir en 1380. la Tour que l'on y voit fut bâtie sous le regne du Roi Jean ou de Charles V. son fils. remarqués le Crucifix de bois qui est sur la porte du Choeur de cette Eglise C'est un excellent ouvrage de Jacques Sarrazin.

la Place de Greve. Cette Place a pris son nom de ce qu'elle est sur le bord de la Seine. C'est dans cette place que se font ordinairement les executions des Criminels on y fait aussi les rejouissances publiques.

L'HOTEL DE VILLE.

Ce fut sous le regne de francois premier que la premiere pierre de cet Edifice fut posée: Il ne fut acheve qu'en 1605 sous la prevoté de francois Miron. Mezerai fait un grand eloge de ce prevôt des Marchands

l'hopital du S. Esprit.

Cet hopital fut fondé en 1362 en faveur des pauvres orphelins de Paris. le Bureau general des Pauvres est a coté.

Hop. S. Gervais Cet hopital fut fondé en 1171. par Garin Masson, dans la ruë de la Tixeranderie ou on voit encore aujourd'hui la Chapelle sous l'invocation de Ste Anastasie

S. Merri.

C'est une Eglise Collegiale et Paroissiale qui n'etoit autrefois qu'une petit Chapelle. l'interieur de cette Eglise est parfaitement bien décorée depuis peu. on voit derriere S. Merri l'hotel des **Consuls**. etabli en 1563. par Edit de Charles IX. le premier Juge des Consuls doit avoir 40. ans passé, et les Consuls 27.

Ste Croix de la Bretonnerie.

Voyez P. 49

Ces Religieux ont été institués au commencent du 13e Siecle par Theodore de Celles. Chanoine de Liege.

les Billettes on pretend que ce Couvent est precisement a l'endroit ou un Juif fit bouillir la Sainte hostie qui servoit a S. Jean en Grève Ce fait est arrivé sous le regne de Philipe le Bel. qui le fit bruler.

les Blancs manteaux. C'est un ancien Monastere de l'Ordre de S. Benoit, l'Eglise . . . sous l'invocation de N. Dame des blancs Manteaux vient des premiers Religieux qui la desservoient, qui portoient des manteaux blancs. Jean le Camus, Lieutenant Civil au Chatelet y a son Tombeau qui merite d'être vû.

les PP. de la Merci.

Ces Religieux dont l'origine est Espagnole furent fondés en 1613. par Marie de Medicis. Dans leur Eglise on voit le tombeau du Marechal de Themines et celui de l'ancienne famille de Bracques.

l'Hotel de Soubise.

C'et hotel conserve encore quelques marques de son ancien état. françois de Rohan, Prince de Soubise, en fit l'acquisition en 1697. on n'a commencé à l'edifier tel qu'on le voit a present qu'en 1706. 49

les Capucins. Ce Couvent fut fondé en 1623. par les soins du Pere Athanase de Molé Capucin frere d'un illustre premier President de ce nom.

les Enfans rouges C'est un hopital fondé par Margueritte Reine de Navarre en 1554. déstiné pour les pauvres Orphelins originaire de Paris. Jean Megret president à mortier au Parlement qui s'etoit elevé à cette place par son seul merite a voulu être inhumé dans cet Hopital.

LE TEMPLE

Cette Maison etoit autrefois aux Chevaliers du Temple dont on sçait la fin tragique, elle a eté donnée a l'Ordre de Malthe C'est le grand Prieure de france. l'Eglise du Temple est d'une Structure fort ancienne sur le modele de S. Jean de Jerusalem on y enterre tous les Commandeurs et les Chevaliers qui meurent a Paris.

les PP. de Nazaret.

Ce Couvent n'a rien de remarquable.

les Madelonetes Dans ce Couvent on renferme les femmes dereglées.

S. Martin des Champs.

Ce Prieure des plus celebres de Paris, fut fondé et doté sous le titre d'Abbaye en 1060. par henri I. la Bibliotheque est assez bien Choisie

S. NICOLAS DES CHAMPS.

Cette Eglise a eté fondée par le Roi Robert en 1576. le maître Autel est decoré des ouvrages de Simon Vouet et de Sarrasin le fameux Gassendi grand philosophe y est inhumé.

les Carmelites. Ce Couvent fut fondé en 1619. par Catherine d'Orleans et Demoiselle de Longueville, le Tableau du maître Autel est de Pierre Voüet.

la Gr. Voirie

Montfaucon

Hopital S. Louis

Regard de l'hop. S.t Louis

Ch. de Belleville

Faubourg du Temple

R. des Fontaines

L A C O U R

Voyez page 57 N. 29

Voyez page 60 N. 30

Ruelle des Cames

Chemin de Belleville

T E L L E

Voyez page 61 N 31.

R. Beauregard — Avant que de sortir hors de la Ville il faut remarquer l'Eglise de **N. D. de Bonne Nouvelle**. Cette Eglise fut construite en premier en 1551. et en 1624. on bâtit celle que l'on voit aujourd'huy, qui fut erigée en paroisse en 1673.

R. Montmartre — **S. Joseph**. Cette Chapelle sert d'Aide à S. Eustache

V. Page 57 — **Porte S. Denis** Cette Porte est bâtie sur les Desseins de F. Blondel la Sculpt. de cette Porte fut commencée par Girardon et finie par Michel Anguiere c'est un beau morceau.

idem — **Porte S. Martin**. Cette Porte a été elevée en 1674. sur les Desseins de Pierre Bullet, les ouv. de Sculpture sont de Desjardins, Marsy, le Hongre, et le Gros. passons au Faubourg, de S. Laurent.

S. Laurent.

R. du Faub. S. Laurent — Cette Eglise paroissiale etoit anciennement une Abbaye, dont il est parlé dans Gregoire de Tours. En effet, il y a environ 60 ans, dans le tems que Nicolas Gobilon etoit Curé de Cette Eglise, on y deterra plusieurs Cercuils de Platre dans lesquels on trouva des especes de Moine habillés de noir. l'Eglise de S. Laurent fut erigée en paroisse sous le regne de Philipe Auguste en 1180. le Maitre Autel est du Dessein de le Pautre

les Recolets.

idem — ils furent établis dans cette Maison en 1603. Ce fut Marie de Medicis qui posa la premiere pierre de leur Eglise, et la Dedicace s'en fit en 1614. On remarque dans cette Eglise plusieurs tableaux peints par le frere Luc. la Bibliotheque de ce Couvent est assez belle Cette Maison a produit deux Prédicateurs celebre, dont l'un est Olivier Juvernay, et l'autre Candide Chalipe.

idem — **l'hop. du Nom de Jesus** Le Public est redevable à S.t Vincent de Paul de l'etablissement de cet hopital, qui a eté le Modele en petit de l'Hopital General.

les PP. S. Lazare.

R. du F. S. Denis — Leur Eglise ne laisse pas que d'etre orné de très beaux tableaux de Dominicains, de Troy, de Restou, et de Jean B. Galloche, fameux Peintres

idem — **S. de la Croix**. Cet etablissement est aussi de Vincent de Paul on peut dire que si ce n'est pas le plus brillant c'est le plus utile.

la Foire S. Laurent.

R. du Faubourg S. Laurent — Cette Foire rapporte un revenu considerable a la Maison de S. Lazare qui leur fut donnée par Philipe Auguste, elle ne duroit dans ce tems là que jusqu'au soleil couché Philipe de Valois en augmenta sa durée d'une demie heure, environ. dans la suitte la durée de cette foire augmenta peu a peu, et enfin elle fut en 1662. telle qu'on la voit aujourd'huy. l'ouverture s'en fait tous les ans, le 26. de Juin et finie le dernier de Septembre. dans les feuilles 62 et 53 on y remarque

l'hopital S. Louis.

Voyez page 52 — la Peste qui afligea Paris, en 1606. fut cause de l'etablissement de cet hopital. le Roi, pour construire cet Edifice, attribua a l'hotel Dieu de Paris 10.s a prendre sur chaque minot de Sel qui se vendoient dans tous les greniers à Sel, de la Generalité de Paris, pendant 15. ans. et 5.s a perpetuité après les 15. années expirées. la premiere pierre de la Chapelle fut posée en 1607.[tt] on empl. 4. ans et demi à bâtir cet hopital. il en couta tant pour sa construction que pour mettre en etat celui de la Santé 795000. Ces deux hopitaux furent d'un grand secours en 1709.

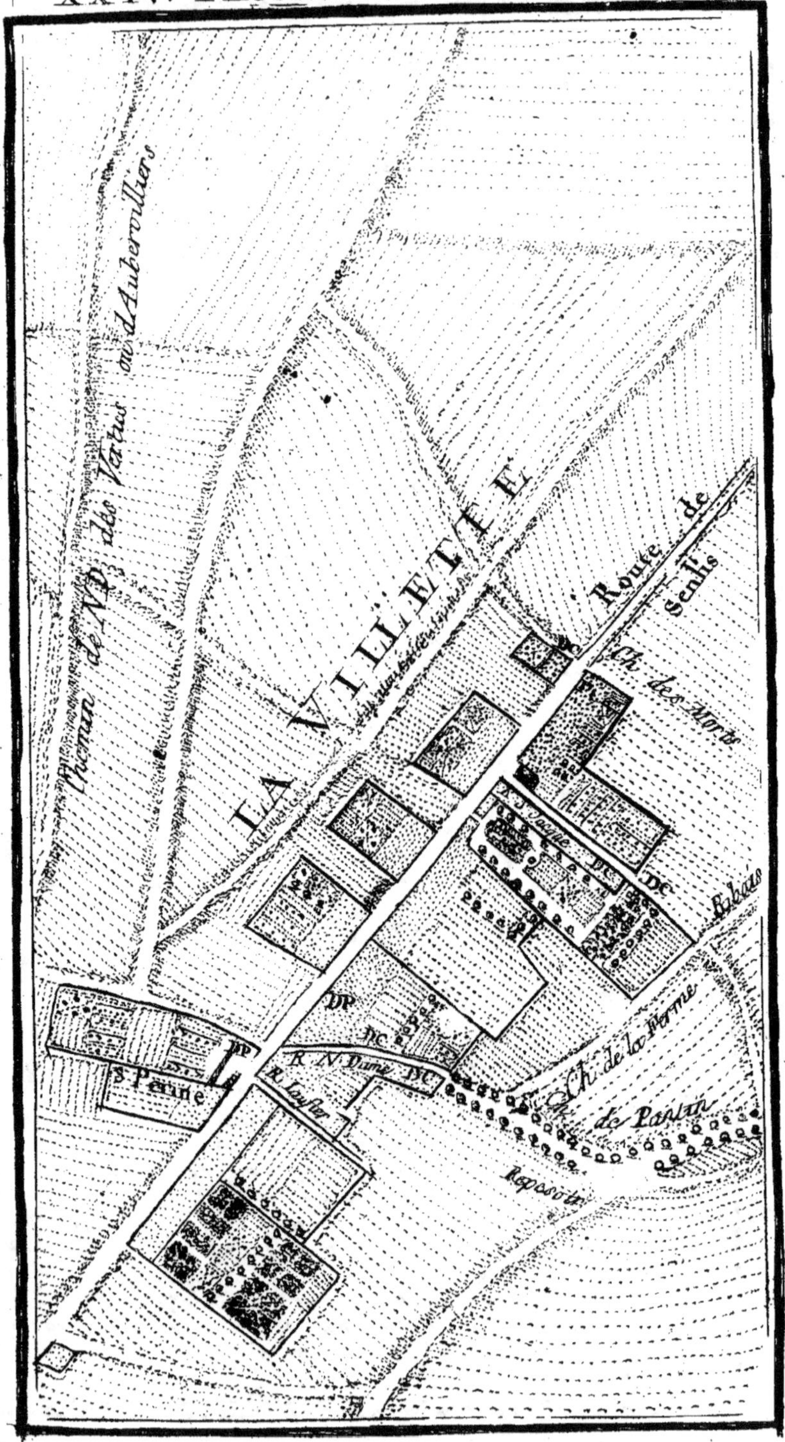
LA VILLETTE
Chemin de N. D. des Vertus ou d'Aubervilliers
Route de Senlis
Ch. des Morts
Ch. de la Ferme
Ch. de Pantin
S. Perine
R. N. Dame
Reposoir

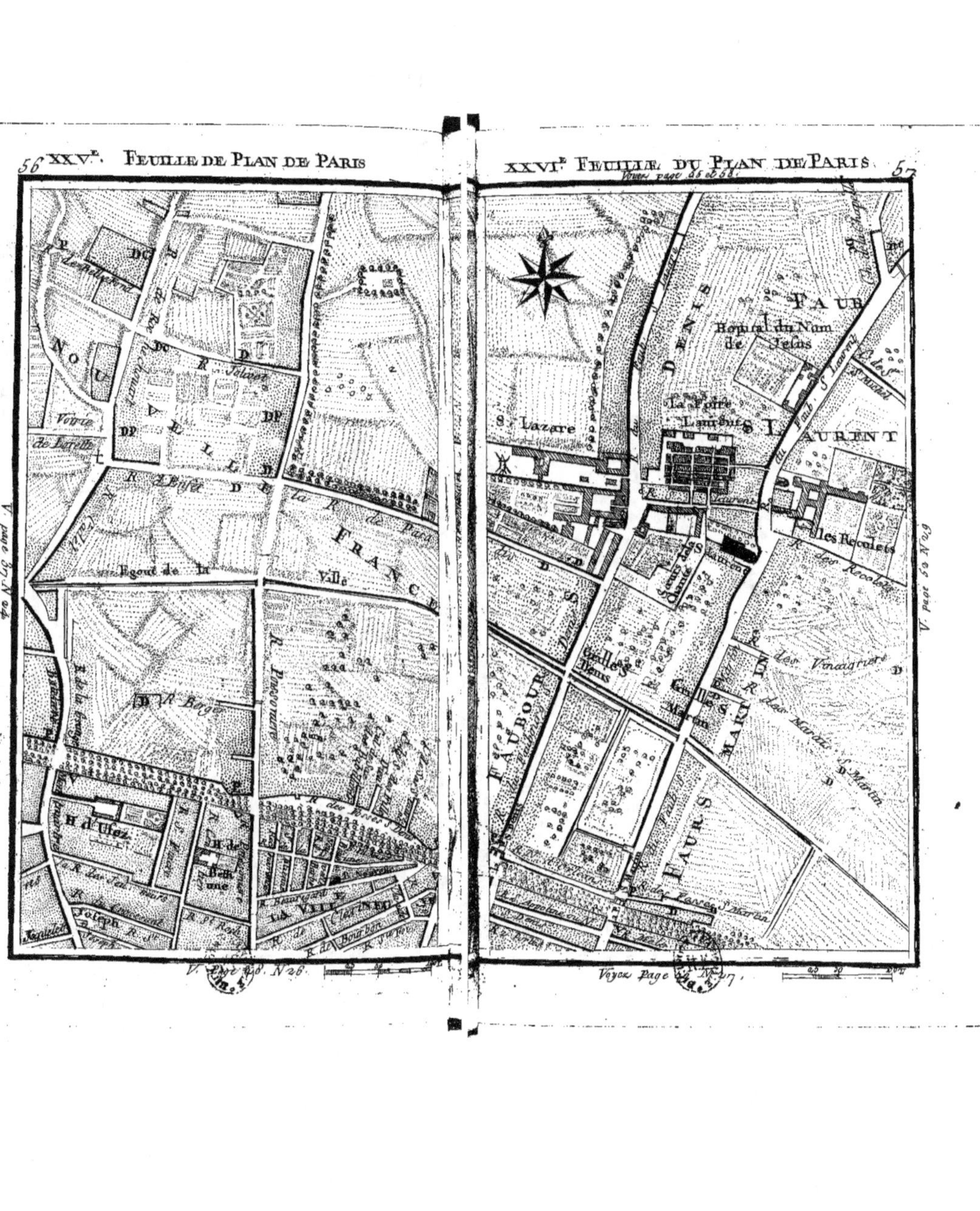

56 XXVe. FEUILLE DE PLAN DE PARIS
XXVIe FEUILLE DU PLAN DE PARIS 57
H d'Uzez
Egout de la Ville
FRANCE
S. Lazare
La Foire S. Laurent
Hopital du Nom de Jesus
les Recolets
R. des Recolets
R. des Vinaigriers
R. des Marais S. Martin
FAUBOURG
FAUBS
S. LAURENT
R. Poissonniere
R. Bergere
R. de Bourbon
Voyez Page

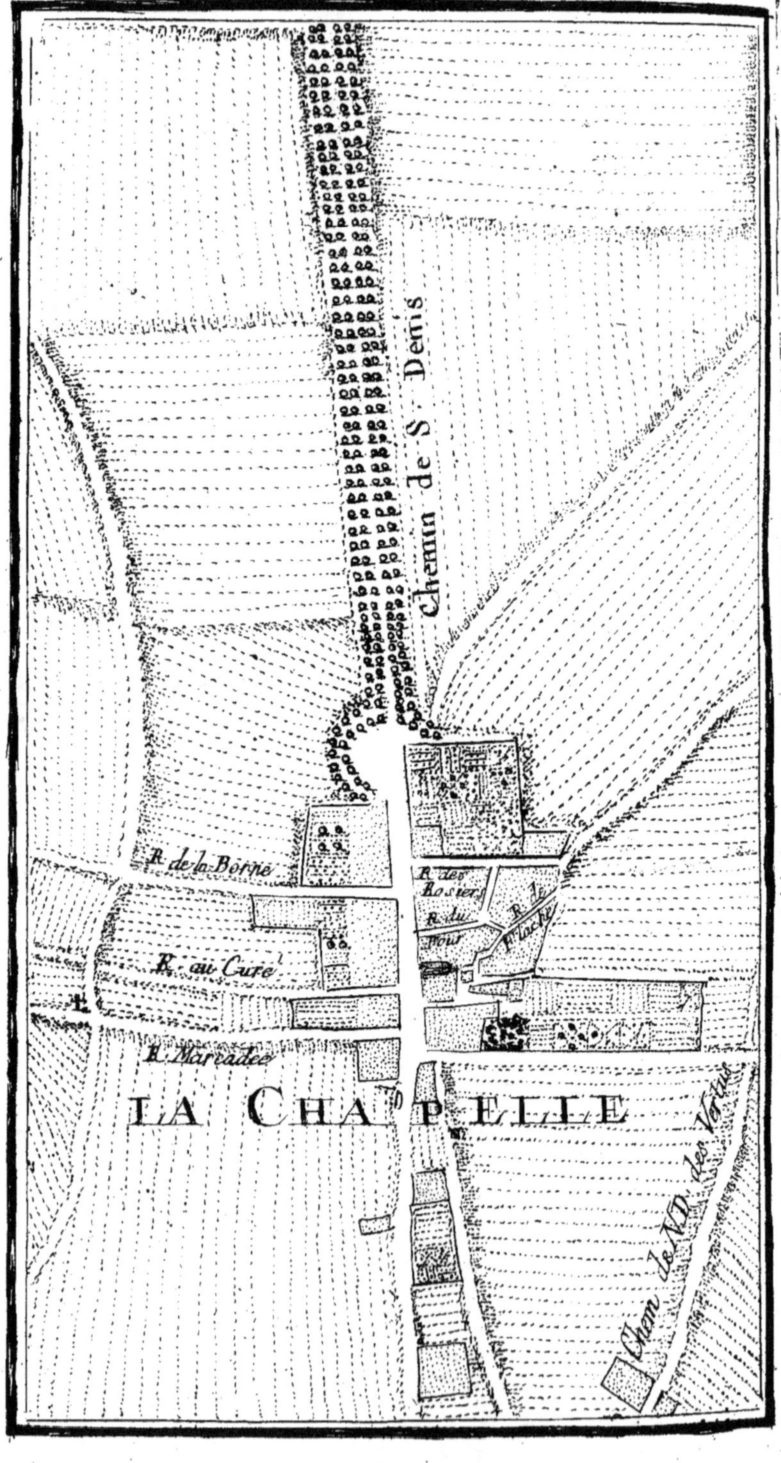
Chemin de S. Denis
R. de la Borne
R. des Rosiers
R. du Four
R. de la Planche
R. au Curé
R. Marcadée
LA CHAPELLE
Chem. de N.D. des Vertus

les Minimes. R

Ce Couvent a été fondé en 1590. la 1. pierre de l'Eglise fut posée en 1611. au nom de la Reine Marie de Medicis, par l'Arche vêque de Grenoble. des

Cette Eglise ne fut achevée et consacrée qu'en 1679. elle est propre. le Portail est du Dessein de françois Mansart. le Maître-Autel est décoré de 6. Colonnes Corinthiennes, de marbre noir, au milieu est une descente de Croix, qui est une copie d'un excelent tableau de Daniel de Voltere qu'on voit a Rome, dans l'Eglise des Minimes de la Trinité du Mont. mi ni mes

les entrailles de henri de Bourbon, Prince de Condé, sont deposées dans la Chapelle de S. françois de Paule. le tableau de l'Autel de cette Chapelle, est un chef d'Oeuvre de Voüet.

les Filles Bleues. R

Ces Religieuses furent établies à Paris, vers l'an 1622. par la marquise de Verneuil. Madame la Comtesse de Hameaux est regardée comme la principale Bienfaictrice de ce Couvent. le Batiment et la décoration de l'Eglise sont un monument des liberalités de cette Dame. dont le Corps repose avec le coeur de son mari dans la Chapelle interieur de ces Religieuses. se Cath erine

les Hospitalieres de la Place Roiale. R

Cet Hopital fut institué et fondé en 1624. par la Mere françoise de la Croix, sous la protection de la Reine Anne d'Autriche, pour le soulagement des pauvres filles et femmes malades. du Fo in

Cette Maison se fait honneur d'avoir servie de retraite à françoise d'Aubigné, Marquise de Maintenon.

les Filles du S. Sacrement R.

Ce Monastere doit son établisement à quelques Religieuses envoyées de Toul a cause des Guerres; vers l'an 1674. Avant cet établissement on admiroit dans la maison que ces Religieuses occupent, un morceau d'Architecture de l'invention de Desargues: mais à cause de la Cloture il n'est plus accessible aux Curieux. S. Lou is

les Filles du Calvaire.

Ce Couvent a été établi par le P. Joseph, Capucin. les fondemens de cette Maison furent jettés en 1635. la 1. pierre en fut posée par la Duchesse d'Aiguillon, niece du Cardinal de Richelieu. ide m

Pont aux Choux.

Ce pont est ainsi nommé à cause de quantité de jardins potagers qui sont aux environs. la Porte qu'on y voit a été batie en 1674.

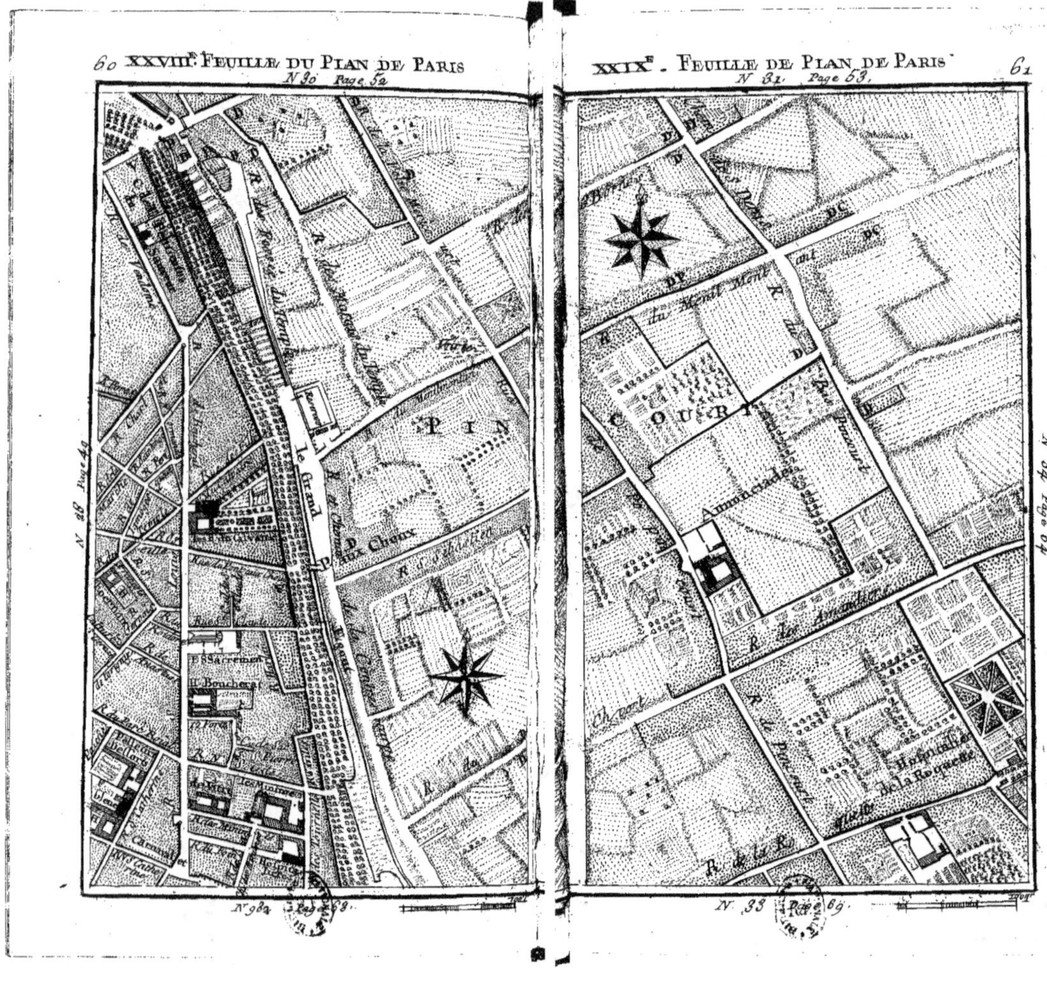
N 28 Page 49
N 84 Page 64
P I N
C O U R T
Annonciade
Hôpital de la Roquette
F. S. Sacrement
F. Boucherat
N 98 Page 68
N 33 Page 69

La rüe Popincourt.

Ce nom lui vient de Jean de Popincourt, premier President du
page Parlement de Paris, sous le regne de Charles VI. qui y avoit une
Maison de plaisance Cette maison s'est rendüe remarquable sous
57 le regne de Charles IX. par les assemblées que les Calvinistes
y tenoient. un jour le Connetable de Montmorenci s'y etant trans
porté, fit bruler les bancs et la Chaire du Predicant.

les Annonciades.

Le meme endroit ou étoit la Maison du President de Popincourt
idem est aujourd hui occupé par les Religieuses de l'Annonciade.
instituées par la Bienheureuse Jeanne de France, fille de
Louis XI.

les Hospitalieres de la Roquette.

Cet Hopital a été établi en 1639, les hospitalieres de la Place Roialle avec celles de cette maison ont été unies ensemble jusqu'en 1690, qu'elles furent separées, de Corps et de biens, depuis ce tems là ces deux hopitaux n'ont plus rien de commun que les voeux, sous la regle de S. Augustin.

R de la Roquette

MONT LOUIS.

C'est une trés jolie Maison de plaisance que le Roi Louis le Grand donna au Pere la Chaise son Confesseur.

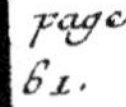

page 61.

Apres la mort de ce Pere, cette Maison est demeurée aux Jesuites de la maison Professe ausquels elle sert de maison de Campagne.

Mont Louis est de la paroisse de Charonne, il n'i à que le jardin et la maison du Jardinier qui soit de la paroisse de Ste Marguerite.

Voyez N. 34 Page 61

V. N. 35 Page 72

V. N. 36 Page 73

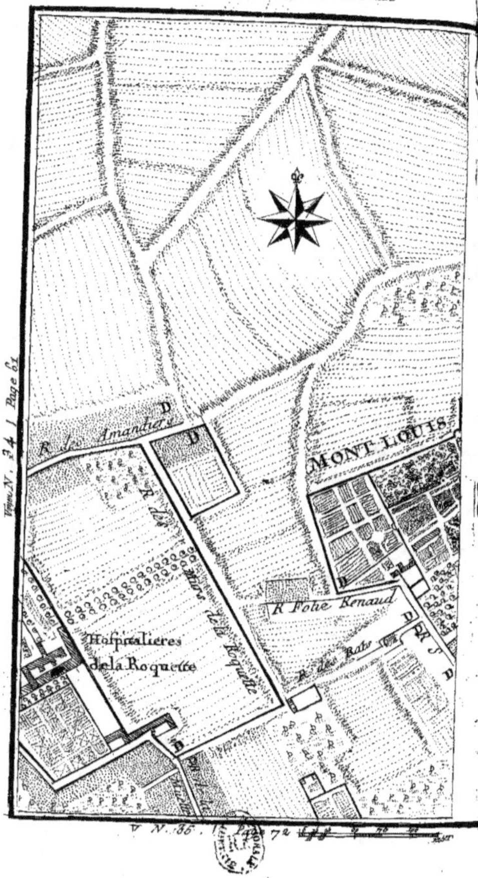

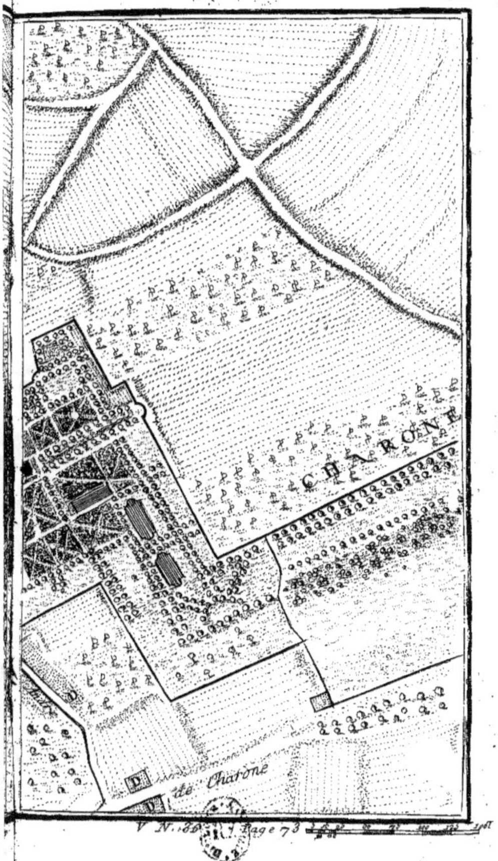

LA PLACE ROYALE.

pa ge 64

Cette Place fut bâtie en 1604. au même endroit ou étoit l'hotel des Tournelles, sous le regne de henri IV. et ne fut achevée qu'en 1630.

On y voit la Statuë Equestre de Louis XIII. qui y fut posée le 13. Septembre 1638. C'est l'ouvrage de Biard le fils. le Cheval fut fait par Daniel Ricciarelli de Volterre et Diciple de Michel Ange. C'est un morceau si fini que je crois que la nature n'a jamais produit un cheval aussi parfait dans toutes ses parties, que l'est celui ci.

Ricciarelli avoit fait cette figure pour le Roi Henri II. mais la mort de cet habile Sculpteur arrivée en 1556, fut cause qu'il ne put point faire la Statuë du Roi pour lequel il étoit destiné.

la Grille qui regne à l'entour de cette Place a été faite sous le regne de Louis XIV. on voit le portrait en medaillon de ce Prince, au haut de deux portes cette grille fut faite aux depens des proprietaires les Pavillons qui environnent la Place Royale. il y a environ 120. ans que ces Pavillons étoient regardés comme les plus grandes et les plus superbes Maison de Paris.

S. PAUL.

R S. Paul

Celte Eglise n'étoit dans son origine qu'une Chapelle sous le titre de S. Paul que S. Eloi fit bâtir. Elle fut érigée en paroisse en 1107. le Batiment de l'Eglise qu'on voit aujourd'hui fut élevé sous le regne de Charles VI. Cet Edifice est triste et desagreable il n'i a rien qui y puisse attirer les Curieux. le Maître Autel est décoré d'une menuiserie de Jean hardouin Mansart le tableau est peint par Corneille le jeune.

l'Arche, que l'on porte le jour de la fête Dieu est une chose singuliere. les Vitres des Char-niers sont regardées comme des chef-doeuvres, elles ont étées peintes par les plus habiles peintres sur verres qu'il y ait eu jusqu'à present.

Arnaud de Corbie Chancelier de france, fut inhumé dans cette Eglise en 1490 M. Nicolle Gilles. en 1503. Francois Rabelais savant et ingenieux rieur. Pierre Biard fameux Sculpteur et Architecte. et François Mansart habile Architecte à qui on est redevable des plus beaux Edifices de Paris.

les Celestins

R petite Mur e

Ces Religieux vinrent s'etablir dans cet endroit vers l'an 1352. Charles V. voyant qu'il n'avoient que deux petites Chapelles pour y celebrer l'office divin, leur donna en 1367 dix milles livres d'or et douze arpens de bois de haute futaye, pour faire bâtir leur Eglise, aux fondements de laquelle il mit la premiere Pierre l'an 1368. et se dit fondateur des Celestins de Paris. la Dedicace de cette Eglise se fit en 1370.

Louis Duc Dorleans fils puisné du Roi Charles V. fit bâtir la Chapelle qui porte son nom, sous l'Autel de laquelle il fut inhumé en 1407, en habit de Celestin. On voit dans cette Chapelle des tombeaux d'une rare beauté

Il y a dans cette Eglise un Piedestal sur lequel sont les trois Graces Sculptées en Albâtre qui soutiennent sur leurs têtes une Urne de Bronze doré dans laquelle est le Cœur du Roi Henri II. celui de la Reine Catherine de Medicis sa feme celui de Charles IX. Roi de france et celui de François de France Duc d'Anjou son frere C'est un Chef d'oeuvre de Germain Pilon. le Piedestal ou est le Coeur de François II. est digne de maître. Ponce Barthelemi Prieur ne s'i est pas moins distingué par la Colonne qu'il a fait ou est le Cœur d'Anne de Montmorenci. l'Admirable tombeau de l'Amiral Chabot est selon les uns de Paul Ponce et selon les autres de Jean Cousin. Celui du Duc de Rohan, est un Chef d'oeuv. d'Anguier l'ainé. Il y en a encore un infinité d'autres qui peuvent aller de pair avec ceux ci pour la beauté de l'ouv. On peut dire qu'il n'i a point d'Eglises en France apres celle de l'Ab. de S. Denis qui renferme plus de Personnes Augustes et illustres que celle Cy.

la Bibliotheque est assez curieuse on y compte environs 17000 volumes. On y voit un petit livre indouze qui est ce dit on le deuzieme essai public de Laurent Coster. inventeur de l'imprimerie il y a aussi une bible manuscrite

l'Arcenal.

Ce Batiment est tres vaste. le Jardin regne sur le Fossés de la Bastille et a une tres agreable vuë. page

la Visitation.

l'Eglise de ces Religieuses est fort petite on l'apelle le bijoux de françois Mansart. le Commandeur de Sillery qui donna une sôme considerable pour bâtir l'Eglise en posa la 1. pierre en 1632. André Fremiot Archevêque de Bourges frere de Bienheureuse Jeanne francoise de Chantal fondatrice de l'ordre de la Visitation, y est inhume en 1641. et Nicolas Fouquet

R. S Antoine

la Bastille.

Cet Edifice comme on le voit a present fut construit sous Charles V. en 1371. Ce fut hugues Aubriot Prevost de Paris qui en posa la premiere pierre. les fortifications qu'on y voit furent faites en 1559. aux depens des Bourgeois de Paris. Henri IV. y avoit son tresor. en 1604 il y avoit 7000000. d'or Cette enorme masse a toujours eté une prison d'état.

porte S. Antoine

la Porte S. Antoine.

On pretend que cette porte fut bâtie sous Henri II. d'autres disent qu'elle fut elevée pour l'entrée du Roy revenant de Pologne, en 1671. francois Blondel fut chargé de la restaurer Il y a deux figures du coté du faubourg qui sont des Chefs d'oeuvres de françois Anguiere.

page 68

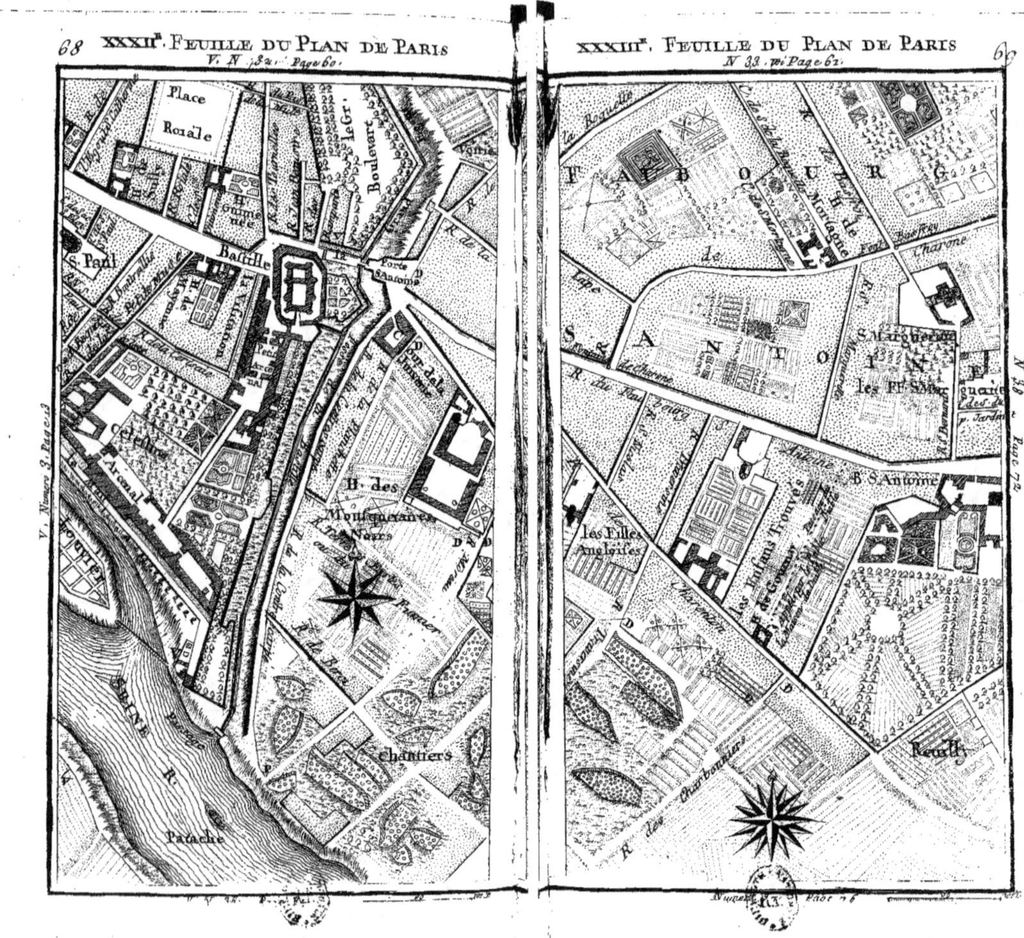
Place
Roiale
S. Paul
Bastille
Porte S. Antoine
Celestins
Arcenal
B. des Mousquetaires Noirs
Boulevart
Chantiers
SEINE R.
Patache
FAUBOURG
de
S. ANTOINE
S. Marguerite
les FF. S. Marguerite
B. S. Antoine
les Filles Angloises
Les Enfans Trouvés
Reuilly
R. des Charbonniers
Charone

Hotel des Mousquetaires Noirs

R de Charenton.

C'est un Spatieux Batiment elevé en 1701. dans lequel plus de 1000. personnes peuvent être très commodément logées.

les Filles Angloises.

idem

Ce Couvent, sous le titre de la Conception, a été etabli en 1658.

Hopital des Enfans Trouvés.

R du Faub. S Antoine

Cet hopital a été fondé par Etienne d'Aligre, Chancellier de france, vers l'année 1677. Elizabeth Luillier, son Epouse, est enterreé dans une Chapelle de cet hopital qu'elle avoit fait construire

de Reuilli.

Cette Maison est aujourd'hui une des plus petites et des moins remarquables du faubourg S Antoine. Cependant anciennement au meme endroit etoit un Chateau Roial qui a donné le nom a la rue de Reuilli on pretend que ce fut dans cette Maison que Dagobert repudia Gomatrude sa femme.

les Dames de la Trinité

Les Dames de la Trinité dittes Mathurines furent établies dans cette endroit vers l'an 1608.

le Trône

C'est en cette endroit qu'on dressa un Trône magnifique pour le Roi Louis XIV. et pour la Reine Marie d'Autriche sa femme lorsquils firent leur entreés Triomphante dans Paris. en 1660.

l'ABBAYE S^T ANTOINE.

Cette Abbaye prend son nom de cette petite Eglise que l'on voit près de ce Couvent, autrefois sous l'invocation de S. Antoine et aujourd'hui sous celle de S Pierre qui est paroisse de l'enclos de l'Abbaye. cependant le Curé ne peut ni Baptiser ni marier.

Cette Maison commença a être bâtie en 1193. et fut achevée sous le regne de S. Louis. Ces Religieuses sont soumise la regle de Citeaux. Dans l'Eglise de cette Abbaye on voit les tombeaux de Jeanne de Bonne et de Jeanne de france filles de Charles V.

vis avis cette Abbaye est une boucherie etablie en 1643. qui appartient a ce Monastere. C'est a peu près l'endroit ou les 59. Templiers furent brulés. sous le regne de Ph. le Bel

la Manufacture des Glaces

Cette Manufacture fut etablie par les soins de M^r. Colbert en 1666. et Inventeés par le Sieur Riviere Dufresni.

S.t MARGUERITTE.

Cette Eglise qui etoit succursale de S. Paul devint paroissiale du tems du Cardinal de Noailles en 1712. l'Eglise telle qu'on la voit aujourd'hui fut finie en 1678. hors la Chapel-le de la Communion que les Marguilliers firent bâtir en 1703. M. Gui premier Curé de S. Margueritte a embelli cette Chapelle d'un Retable et d'un Tabernacle d'une très belle execution: C'est l'ouvrage de Louis Boullongne. V. P. 69

On voit dans la Chapelle de S.te Margueritte un tableau qui repr-esente cette Sainte en prison, qui est d'Alphonse du Fresnoy.

Le Curé de S. Paul, est le maître d'aller tous les ans le jour de S.te Margueritte Officier en personne dans cette Eglise et de partager les Offrandes et honoraires avec le Curé de cette Paroisse

les Filles de la Croix.

Cette Maison fut batie en 1639. la premiere pierre en fut posée par Margueritte de Montmorency Princesse de Condé, Marie du Vignerot Duchesse d'Aiguillon et Marie de Fourci, Marechal d'Effiat. Ce fut François de Gondi qui fit la Dedicace de cette Maison. l'Eglise est petite mais jolie, le Tableau du maître Autel est un excellent morceau copié par Jouvenet en 1706. d'aprés un petit original peint sur Cuivre, qui est dans ce Monastere, on dit qu'il est d'un grand prix. V. Pag 72

la Madelaine de Trenelle

Ce Couvent est un prieuré perpetuel de Benedictines réformées et un des 6. qui furent fondées par la Comtesse Mathilde femme de Thibaud Comte de Champagne elles furent premierement établies à Trenelles en Champagne, ensuitte à Melun et puis aprés à Paris ou elles sont aujourd'hui La Reine Anne d'Autriche, posa la 1.e pierre de ce Monastere idem.

Messire Marc René de Voyer de Paulmy d'Argenson, Garde des Sceaux y fit élever de fort beaux batiments et une Chapelle sous l'invocation de S. René; très bien décorée de l'Architecture de Cartault et de la Sculpture de Rousseau.

N. Dame de bon Secours

Ce Couvent qui est un prieuré perpetuel de Benedictines mitigées, fondé par Dame Claude de Bouchavane veuve de M.r du Vignier Directeur des finances, vers l'an 1648 idem.

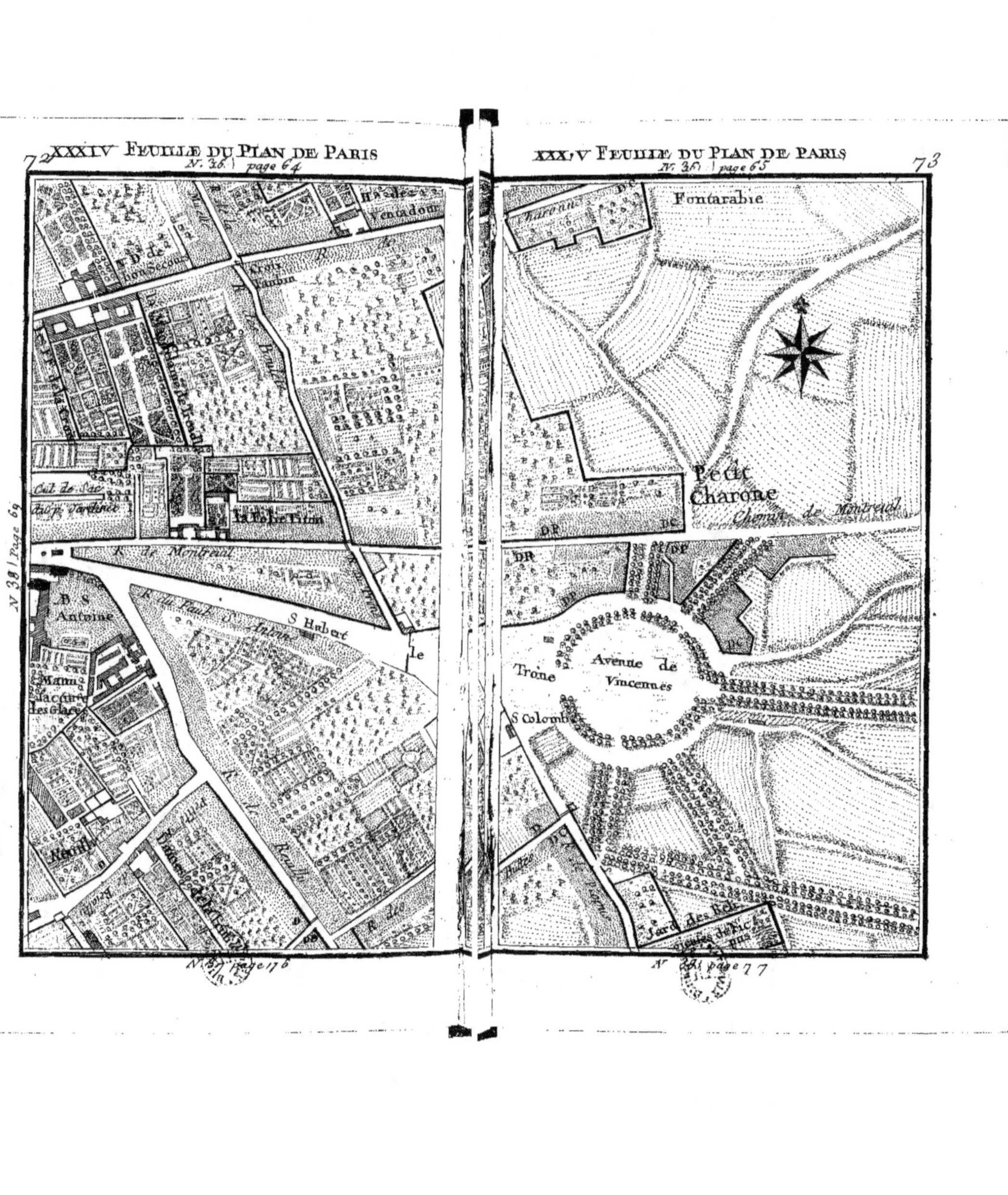
N. 36 page 64
N. 36 page 65
Fontarabie
Petit Charone
Chemin de Montreuil
R. de Montreuil
S. Hubert
B. S. Antoine
Trone
Avenue de Vincennes
S. Colombe
La Folie Titon
N. 38 page 69
N. 37 page 76
N. 37 page 77

XXXVI.E FEUILL. DU PLAN DE PARIS

V. P. 73 N 41

V. Page 77 N. 40

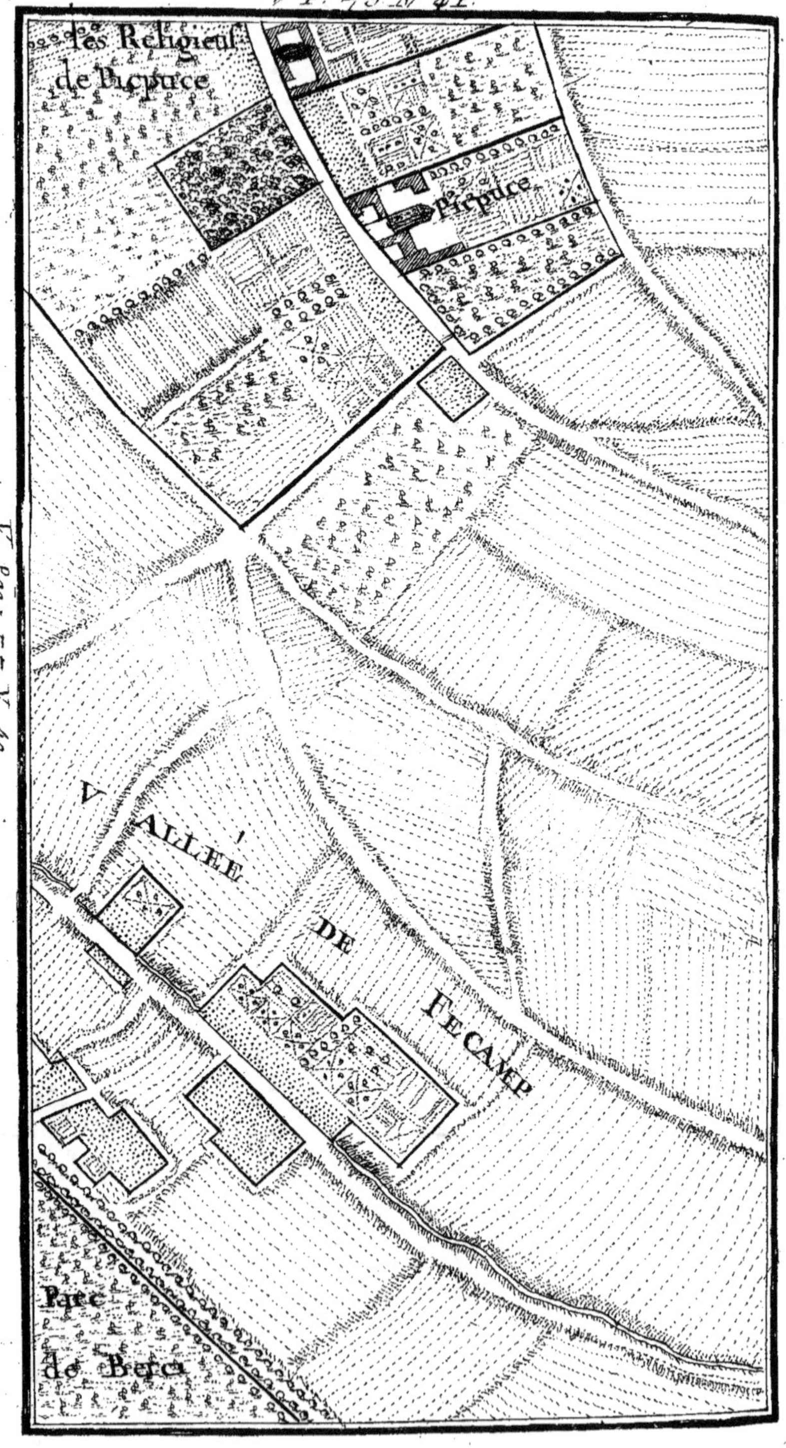

RELIGIEUX DE PICPUCE.

Leur nom veritable est celui de Penitens réformés du tiers Ordre de St. François, ils furent établis à Picpuces vers l'an 1600. l'Eglise que l'on y voit aujourd'huy, fut construite en 1611. sous le regne de Louis XIII. qui posa la premiere pierre on voit dans cette Eglise sur deux Confessionaux un Christ prechant, et un Ecce homo. de Germain Pilon. Page 72

Dans le Refectoir de ces Religieux on y admire un tableau de le Brun. la Bibliotheque de cette maison merite d'etre vuë: Les Ambassadeurs des puissances Catholiques, le jour de leur entreé public dans Paris sortent des Picpuces.

RELIGIEUSES DE PICPUCE

Ce Couvent fut etabli en 1640. par Jacques francois de Gondi I. Archevêque de Paris, Marguerite Louise d'Orleans, Duchesse de Toscane est inhumeé dans cette Eglise idem

LA DOCTRINE CHRETIENNE

Cette Maison — habitée par des Clercs reguliers de la Doctrine Chretienne, tire son origine d'une autre qui avoit été établie au Bourg la-Reine en 1665. R. de Berci

La Grange aux Merciers.

Cette Maison est célebre par les assemblées qui s'y tinrent sous Charles VI. et sous Louis XI. idem

CHATEAU DE BERCY

Ce Chateau fut bâti sur les Desseins de françois Mansart. Il est orné de Peintures singulieres qui sont très estimées, sur tout celles qui ornent le Salon. Les Jardins sont spatieux et très magnifiques idem

la Rapée

la Rapée est peu de Chose, son nom lui vient d'un nommé Sieur de la Rapeé Commissaire general des troupes de France qui y fit bâtir une Maison idem

S. Bonet

est un très joli endroit aux bord de la Seine, qui sert de promenade l'Eté; a un concours de monde de tous les quartiers de Paris. idem

Rambouillet

C'est une Maison fort connuë, il n'étoit autrefois parlé que de cette maison, et de ses Jardins; mais apresent l'une et l'autre ont bien changé de face. idem

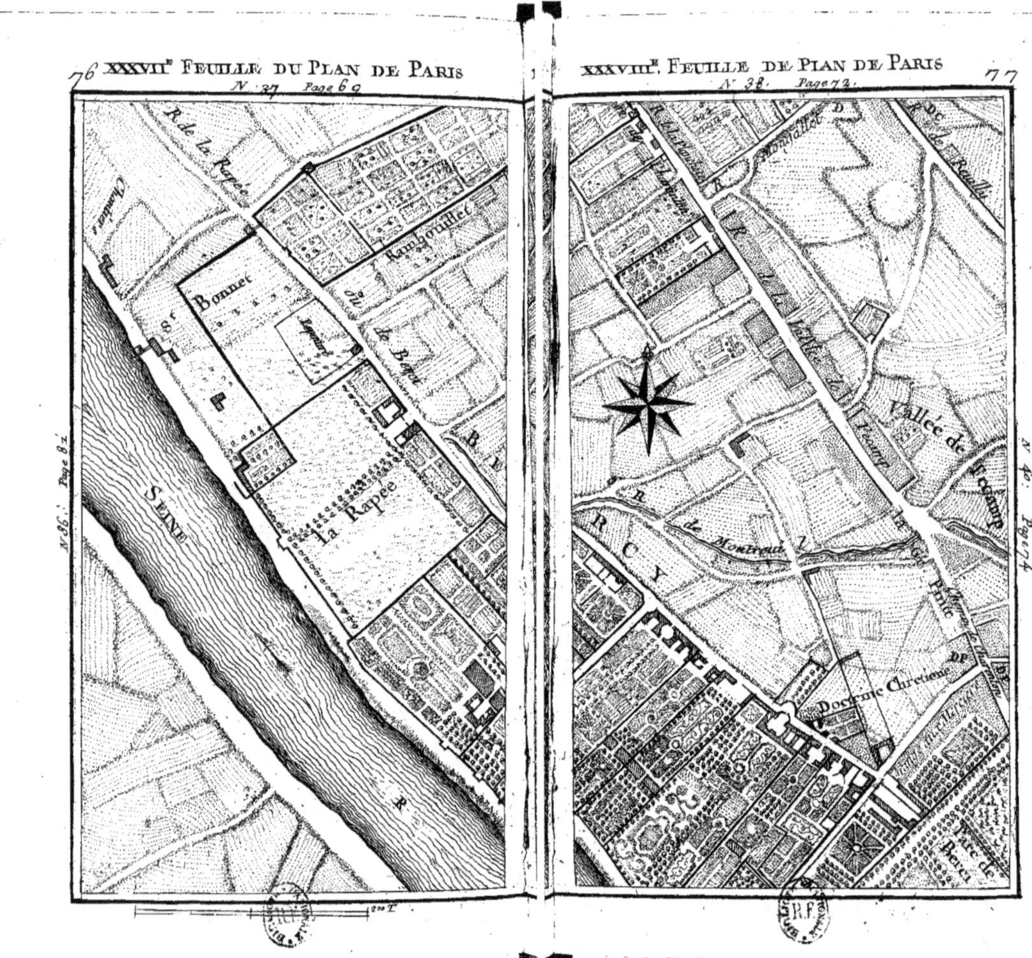
76 XXXVIIe Feuille du Plan de Paris
N. 37 Page 69
XXXVIIIe. Feuille de Plan de Paris 77
N. 38. Page 72.
R. de la Rapée
Bonnet
Rambouillet
la Rapée
Seine
N. 36. Page 81
R. de Montreuil
Vallée de Fécamp
Doctrine Chretienne
Parc de Berci
N. 40. Page 74

les Gobelins

R. des Gobelins. Cette Maison a pris son nom de françois Gobelin fameux teinturier de Reims qui sous le regne de françois I. vint à Paris et y établit cette manufacture, qui reussit parfaitement C'est lui, qui trouva le Secret de l'ecarlate qui est renommée par tout le monde. Cette maison depuis longtems est remplie d'excellents ouvriers

S. MARTIN

R. S. Marcel. Cette Eglise fut érigée en paroisse vers l'an 1480. Ce fut en 1668. que trois Voleurs entrérent dans cette Eglise emporterent le S. Ciboire. Ils furent pris. et brulés vifs avant leur suplice ils avouérent leur vol et qu'ils avoient jettés la Sainte Hostie contre le mur du Val de Grace. on parlera de cette place dans son tems.

S. MARCEL

idem. C'est une Eglise trés ancienne et j'ose volontier dire que c'est une des plus anciennes de Paris. on croit que cet endroit etoit la Sepulture des Evéques de cette Capitale
Cette Eglise qui donne son nom au faubourg S. Marcel est une des 4. Collegiales de l'Archeveché M.r de Launoy dit quelle a etée l'ancienne Cathédrale, mais Adrien de Valois la refuté vivement.

De Scipion

R. de la Barre. C'est dans cette maison qu'en 1636. tous les prisoniers de la Conciergerie excepte les femmes et ceux qui étoient dans les Cachots; furent transferés à cause de la Peste qui se fit sentir cette anneé à Paris. Elle depend de l'hopital Generale

De Clamart

R. de Fer. C'est ou l'on enterre les Morts de l'Hotel Dieu.

Hop. de la Misericorde, dit les Cent Filles

R. Cen sier. fut fondé en 1624. par Antoine Seguier President à Mortier au Parlement de Paris. pour Cent pauvres filles legitimes; orphelines de Pere et de Mere néés à Paris. Ce fondateur donna le fond de Seize mille livre de rente annuelle, pour ladite fondation. Les filles Orphelines ne demeurent dans cet hopital que depuis l'age de 7 ans jusqu'à 25.

On remarque dans la Chapelle de cet hopital. Le Buste de son Fondateur

Louis XIII toujours attentif à favoriser les hopitaux ordonna que les Compagnons de toutes sortes d'Arts et de Metiers qui aprés avoir fait leur aprentissage à Paris. et qui epouseroit des Orphélines de cet hopital seroient reçus Maitres sans Chef d'oeuvre et exem des Droit.

S.e Pelagie

Depend de l'hopital general. Cette Maison doit son etablissement à Marie Bonneau ditte Madame de Miramion: c'est le lieu ou l'on renferme les Femmes et les Filles, dont la Conduitte est onereuse; soit quelles s'i retirent d'elles memes soit par des voïes Superieures prés de là etoit S. François de Sales Cette Maison servoit d'Invalides aux vieux Prêtres

la Pitie

Cette Maison fut fondée en 1612. et a eté unie à l'hopital general en 1656. Ce lieu est d'un gr. secours aux enfans, dont les Parens se trouvent dans l'indigence.

le Jardin du Roy

Ce Jardin à été etabli par Louis XIII. en 1626. aux instances de Gui de la Brosse Medecin de ce Monarque C'est le lieu ou la Botanique se montre gratuitement l'exercice de cette Science se fait dans le Jardin pendant les mois de Juin et Juillet.

Le Cabinet des Curiositées naturelle se voit dans cet endroit.

le Marché aux Chevaux

Anciennement il y avoit dans cette place une Estrapade

L'HOPITAL GENERAL DE LA SALPETRI

En 1649. le nombre des Pauvres qui etoient dans Paris se monta à plus de 40000. Ce peuple libertin ou tout du moins indépendant; donna occasion de fonder un lieu pour les renfermer. le President de Bellievre se mit à la tête de cette entreprise et eut recours au Roy pour la faire executer en 1659.

Non seulement le Roi donna à l'hopital general les 2 Chateaux de Bicêtre et de la Salpêtriere, qui sont les deux Maisons principales qui le composent; mais encore le gratifia de plusieurs privilèges C'est à juste titre que Louis le Grand s'en declara fondateur et Protecteur l'Eglise est du dessin de Liberal Bruand.

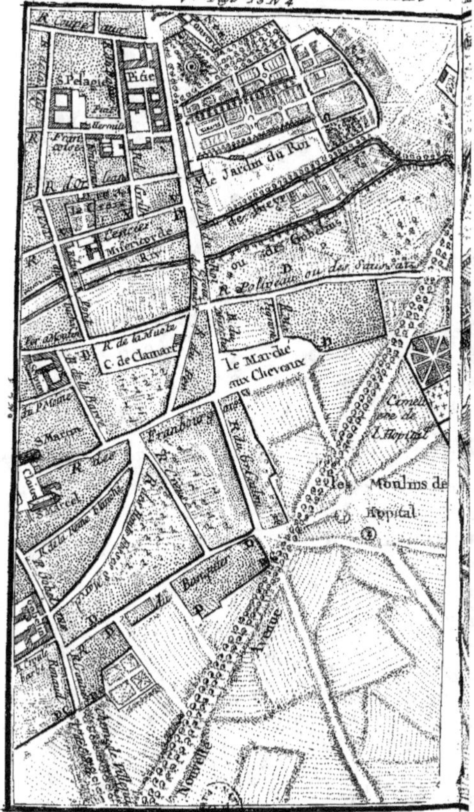

Le Jardin du Roi

de Bievre

ou des Gobelins

R. Poliveau ou des Saurvais

R. de la Muette

C. de Clamart

le Marché aux Chevaux

S. Pelagie

la Pitié

Misericorde

Fauxbourg

Cimetiere de l'Hopital

les Moulins de l'Hopital

Avenue

Nouvelle

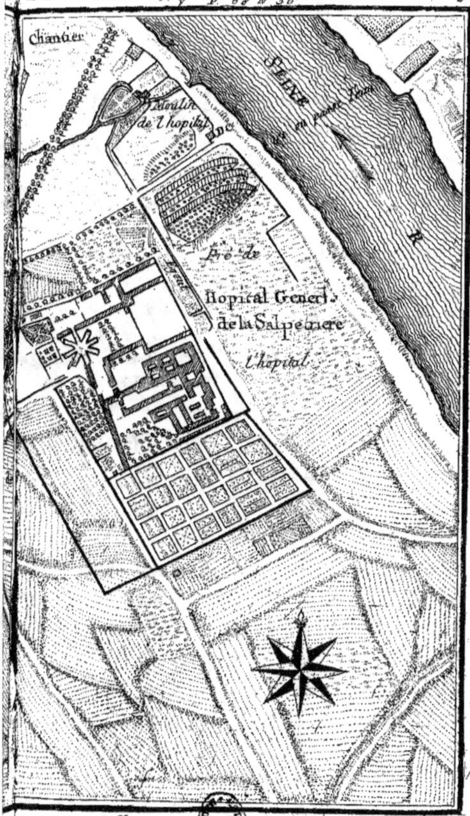

Chantier

SEINE

Moulin de l'hopital

Pré de l'hopital

Hopital General de la Salpetriere

l'hopital

V. P. 76 N. 36

200 T.

DESCRIPTION

DES ENVIRONS DE PARIS.

Versailles

Versailles n'etoit anciennement qu'un village, et son Chateau une simple maison de Campagne, qui ne servoit qu'a serer les équipages de Chasses de Louis XIII. C'est donc Louis le Grand qui d'un Village en a fait une Ville et d'un chetif Chateau, un magnifique Palais, dont l'Architecture et la décoration sont les Chef-d'oeuvre de nos plus fameux Artistes.

Saint Denis

N'etoit dans son origine qu'un petit hameau appellé Cathuel. La Posterité regarde le Roi Dagobert comme fondateur de cette fameuse Abb. qu'on y voit. Pepin voulant rendre l'Eglise de ce Monastere plus grande quelle n'etoit auparavant commença a la rébatir. après sa mort son fils Charlemagne pressa la continuation de cet Edifice qui fut acheve en 775.
Cette Eglise s'etant trouvée par la suitte trop petite, l'Abbé Suger songea a la rendre plus spatieuse. La Dedicace de cette nouvelle Eglise se fit en 1144. Cette Eglise (quoique Suger n'eut rien épargné pour sa construction) menaçait cependant ruine en 1231. S. Louis et la Reine Blanche sa mere, contribuerent a la faire rébatir. elle fut achevée tel quelle est aujourd'hui en 1261. Je sortirois des bornes que je me suis prescrites si je voulois rapporter ici tous ce quil y a de remarquable dans cette Eglise, tout le monde sait que c'est le plus riche temple, la plus considerable Abb. de France, et la Sepulture de nos Rois. Dagobert est le premier qui y fut inhumé en 638. Le Tresor est une chose à voir.

S. Germain en Laye

Le chateau de S. Germain, est un des plus beaux séjours quil y ait en France, tant pour la beauté de ses apartemens et de ses Jardins que par la Forest qui les joint.
Cette Maison a été occupée dans ces derniers tems par le Roi de la grande Bretagne et par la Cour d'Angleterre. Le Roi y logea le feu Roi Jacques en 1689. ou il est mort en 1701. le Roi Charles V. fit jetter les fondemens de ce Chateau.

le Chateau de Marli

Ce Chteau est très bien situé et très agreable, c'étoit aussi le lieu ou Louis XIV. se plaisoit d'avantage, la Machine est une chose unique dans son espece.

les Loges

Ce Chateau est si ancien quil ne subsiste plus que dans quelques titres ce qui prouve son antiquité; est le revenu du Chapelain qui n'etoit que de 24 par an.

le Chateau de Madrid

est un des ouvrages de François I. qui le fit bâtir sur le Modele de celui de Madrit en Espagne.

de S. Ouen le Chateau étoit une maison Royal vers l'an 1350, on la nommoit la Noble Maison C'est là que le Roi Jean institua l'ordre des Chevaliers de l'Etoile.

Argenteuil.

Connu, pour son ancien Monastere de l'ordre de S. Benoit, est un prieuré fondé sous le regne de Clotaire III par harmenric et Mumane sa femme, qui l'unirent a l'Abbaye de S. Denis. Charlemagne donna ce monastere a sa fille Theodoride qui mit des Religieuses dont elle fut la Superieure Ce fut dans cette Communauté que la fameuse heloise entra en 1120, en 1129, les Religieuses en furent chassées, a cause de la vie Scandaleuse quelles menoient ce qui fut cause que l'Abaye de S. Denis rentra en possession de ce Monastere quelle a toujours possedé depuis.

Nanterre, remarquable par la naissance de S. Genevieve

Ruel. on remarque le portail de l'Eglise de Ruel qui est d'ordre Dorique les Statuës de S. Pierre et de S. Paul sont du fameux Sarazin.

S. Cloud

Ce lieu s'app^t. anciennement Nogent sur Seine mais S. Cloud, un des fils du Roi Clodomir s'etant retiré pour eviter la persecution de ses Oncles, fut cause que depuis ce tems là. Ce bourg a prit le nom de ce Prince, qui y fit bâtir un monastere, qui a eté Secularisé depuis, ensorte que l'Eglise est aujourdhui Collegiale et Paroissiale, il y a une Chapelle incrustée en marbre dans laquelle repose le Cœur de henri III.

le beau Chateau qu'on y voit est du dessein de le Pautre.

Clagni est une des Maisons la plus regulierement batie qu'il y ait en Europe, Elle fut commencée en 1676. et achevée en 1680. C'est un Chef-dœuvre de hardouin Mansart qui s'est surpassé dans cet Edifice.

Ch. de Meudon, le Chateau de Meudon fut bâti pour le Cardinal de Loraine par Philbert de Lorme sous le regne de henri II. Louis XIV. l'ayant acquis de Madame de Louvois, le donna a feu Monseigneur le Dauphin son fils qui y fit faire des augmentations et des embeliss^t. dignes de ce Prince

Issy. Ce Village doit son nom a la Deesse Isis qui y avoit un temple la Maison du Prince de Conti est magnifique

Vanvres Ce Village a servi de titre a un de nos Rois. C'est a françois I. Ce Prince pour tourner en ridicule la longue Liste de titre qu'etaloit l'Empereur Charles Quint, ne se servoit en lui faisant reponse que de la qualité de Roi de france et Seigneur de Gonesse et de Vanvres

Gr. Gentilli remarquable par un Concile qui s'i tint en 766 en presence des Ambassadeurs de Constantin Empereur de la Grece. du regne de Pepin le bref: qui un ans apres etab le Parlement

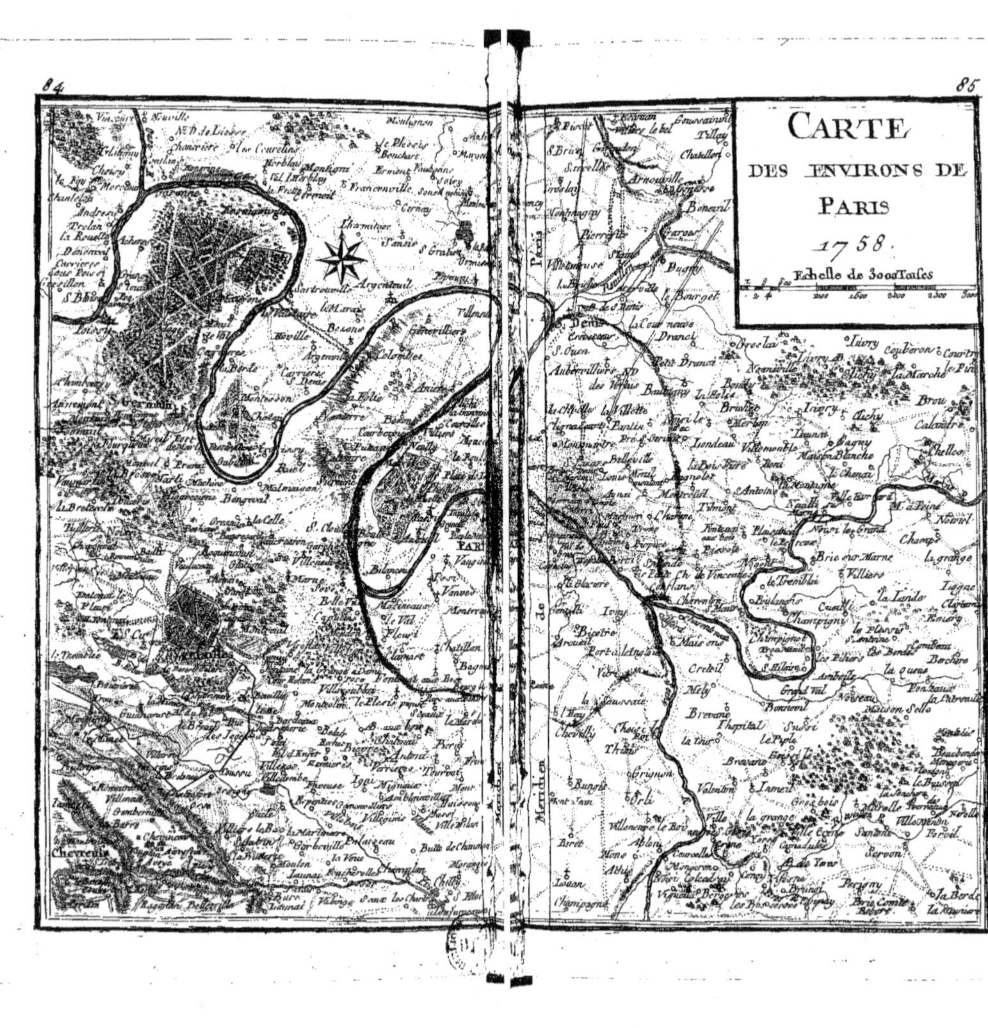
CARTE
DES ENVIRONS DE
PARIS
1758.
Echelle de 3000 Toises
Argenteuil
S. Germain
Versailles
Chevreuil
Meridien de Paris

Conflans.

Ce Chateau doit ses beautés a la nature et au bon gout de françois du harlai Archevêque de Paris. C'est la Maison de plaisance des Archevêques de cette Ville Elle tire son nom du confluent de la Seine avec la Marne

Charenton.

Il y avoit autrefois un Temple Superbe construit sur les Desseins de Jacques de Brosse. en sa place on a bati un Couvent de filles du S.t Sacrement dont l'Eglise fut achevée en 1703.

Champigni.

la Maison du Seigneur est la plus remarquable elle a Servi de retraite à M. de Pointis qui y mourut. son expedition de Cartagene le fait regarder comme un nouveau Jason.

Chelles.

Ce Village merite d'etre vu a cause de sa fameuse Abbaye de filles. fondé a ce que lon dit par la Reine Baltilde. on y voit le tombeau de Clotaire III. mort en 666. la Grille du Chour est un chef doeuvre de Pierre Denis.

Chateau de Vincennes.

Le nom de Vincennes tire son origine du bon air qui rend la vie Seine. Philipe Auguste fit ceindre le Bois de Vincennes de muraille en 1163. apres quoi il y fit batir une maison Roiale ou l'on croit que les Rois hutin et Charles le Bel moururent. françois I. et Henri II. ont fait elever la Chapelle qui est d'un assez beau dessein Gothique. les peintures des Vitres sont tres estimées Elle Sont de Jean Cousin, sur les desseins de Raphael.

Gonesse.

Il est remarquable par la Naissance de Philipe Auguste. il a deux paroisses et un hotel Dieu fondé en 1210.

Montmorenci

Il est connu pour la grande figure que ses Seigneurs ont fait dans notre histoire.

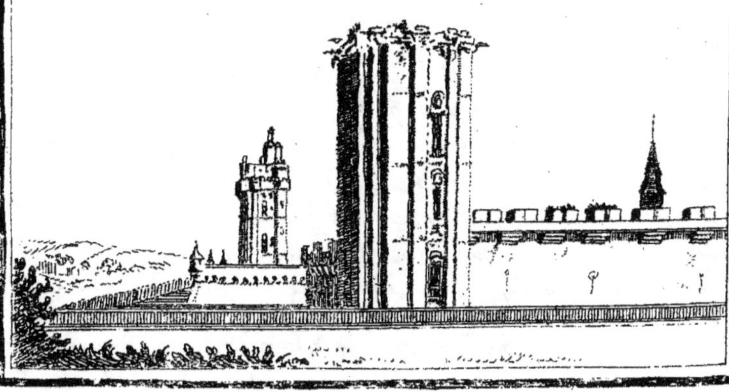

LES CURIOSITÉS ACTUELLES DE LA VILLE ET DES FAUBOURGS DE PARIS

QUARTIER DU FAUBOURG S.T GERMAIN

C'est icy que reside la principale Noblesse du Royaume, aussy y distingue l'on un trés grand nombre de superbes Hotels. Le Canton de S. Sulpice et celui de la Cour de l'Abbaye S. Germain qui est privilegié, y abondent l'un et l'autre en ouvriers industrieux, on doit etre satisfait de la fontaine de Grenelle c'est l'ouvrage de Bouchardon. . . .

QUARTIER DE L'UNIVERSITÉ ET DE LA RUE S.T JACQUES

C'est icy le Quartier savant; La multiplicitée des Colleges la Reputation bien meritée des Professeurs, le Concours d'une foule d'Ecoliers; Le nombre considerable d'habiles Artistes, Graveurs Imprimeurs en lettres et en taille douce, Libraires, Marchands d'Estampes &c. rendent ce quartier trés celebre et fort vivant. On y trouvera Rue de la Harpe un Magazin de table aux imprimés en 4 couleurs qui satisfera infiniment les curieux en Anatomie. ce Magazin se trouve depuis peu ala barriere S. Jacq

QUARTIER DU MONT S.T HILAIRE

Ce Quartier qui est fort peuplée est remarquable par le grand nombre de Relieurs quon y trouvent, la grande quantité de Doreurs sur Livres, les fabriques de Carton de toutes especes et pareilement celles de Papier marbré, la Rue de la Montagne S.te Genevieve est occupée par toute sortes d'Artisans, on y voit des Boucheries en grand nombres, . . plusieurs tapissiers, et Fripiers, C'est dans ce Quartier que se trouve S. Jean de Latran; lieu privilegié

QUARTIER DU FAUBOURG SAINT JACQUES

Ce Faubourg nést remarquable quà cause quil abonde en Maisons Religieuses, dont les Eglises sont egalement ornées, nous lesavons indiquées dans le Corps de cet Ouvrage.
Le peuple nombreux qui habite ce quartier s'occupoit autrefois principalement á triquoter les Bas. l'usage des bas au métier a fait totalement tomber cette fabrique Cést dans ce Faubourg que logent volontiers les Rouliers d'Orleans Blois &c on trouve les endroits à la table Alphabetique des Hotels Garnys. le Reste est occupé par toutte sorte dartisans et principalement par des Carriers

QUÂRTIER DU FAUBOURG S. MARCEAU ou MARCEL

La Manufacture des Gobelins est sans doutte ce quil y a de plus remarquable, dans ce faubourg elle fait toujours l'Amiration de ceux qui y vont.
On trouve dailleurs dans ce Canton une Manufacture considerable de Chandelles a Scipion, de tres riches Brasseurs, des Tanneurs en nombres se sont etablis dans ce Quartier a cause de la commodite' de la petite Riviere de Bievre ou des Gobelins Cést chez les Tanneurs que ce fabrique les mottes a bruler. Cést aussi le quartier favori des Potiers de terre, des Gaziers, des tisserants &c. il se trouve rue Moufflard pres la R N S Medard une Manufacture de Ratine, qui merite la vuë des curieux. Cést a lextremite' de ce faubourg que cetrouve le Clos Payen, ou s'est etabli une Manufacture de toilles peintes façon de Perses. On trouve en General dans ce Quartier un peuple immense et tres occupé

QUARTIER S VICTOR

On trouve premierement dans ce Quartier le Jardin du Roi ou lon voit avec admiration le Cabinet des Curiosités naturel. dans la Ruë S. Victor il y a plusieurs Manufactures de Couvertures dont la laine ne le cede point a celle d'Angleterre. les Curieux verront avec plaisir une manufacture de Miroir de reflecion, Glaces Courbes et etamées, Verres de Montres &c. elle est situé R des Boulangers Cést dans la R des F. S Victor quon distille leau forte

QUARTIER DE LA PL. MAUBERT

C'est un des plus grands Marchés de Paris, ce qui peuple son voisinage d'un tres grand nombres d'artisans qui s'empressent a fournir touttes les commodités de la vie. On trouve dans presque toutes les R. adjacentes des Hotels garnys et toutte sorte de Chevaux a louer et a acheter

LA CITÉ

La Cathedrale et le Palais, qui se trouvent dans ce Quartier le rendent tres celebre. C'est sur tout dans ces Cantons que l'orfeverie, la bijouterie, l'horlogerie et les Marchandes de mode etalent tout ce qui peut flater la vuë et le gout, il s'y trouve des Fondeurs de toutes especes, des Fourbisseurs en grands nombres, le Pont N.D. est remarq.ble par la grande quantité de Doreurs, de Peintre et de Miroitiers on y voit des fabriques d'Ornements d'Eglises. le Quay de l'Horloge est renommé par le beau fond de Geographie de l'illustre M. de l'Isle, qu'on y trouve c'est sur ce Quay que l'on fait les Instruments de Mathematiques

Isle S. LOUIS et Isle LOUVIER

La premiere est embellie d'un grand nombre de belles Maisons dont l'interieur est plus décoré encore que l'exterieur. on y distingue sur tout l'hotel de Bretonvilliers ou les Commis de toutte espece sont reunis

La Seconde est remplie de Bois a bruler

QUARTIER DU FAUBOURG S.T ANTOINE

Ce Faubourg est tres connu par sa prodigieuse quantité d'Ouvriers en Meubles Riches et precieux, situé grande R. du faubourg S. Antoine On trouve dans ce Faubourg plusieurs manufactures importantes, Celles des Glaces y attire toujours grand nombre de Curieux elle est situé R. de Reuilly. on voit R. de la Muette une Manufacture de taffetas et toile Caré. il se fabrique R. de Charone la Moire et les Etoffes de Paris, une manufacture de Diamans fictices de toutes couleurs une Manuf. de Colle forte dans la meme R. pres la Porte S. Antoine sont des fabriques des Poile de fayence On travaille aussy R. Basfroy le fer batu a froit, qui imite l'Argent.

la Rue de Charenton est remarquable par plusieurs Manufactures qui si trouvent tel que s'ont les Manufactures de Sucre, d'Amidon &c. On sera sur tout content de la grande Manufacture de Toilles peintes or et Argent façons de Pequin etablies depuis peu à l'hotel de Gournay appellé vulgairement la Maison du Diable. On trouve dans ce Faubourg Rue de Berci la Manufacture du Plomb Laminé.

QUARTIER DE St BONNET ET LA RAPÉE

Le Premier est remarquable à cause d'une Manufacture de toiles peintes qu'on y voit, et de ses Chantiers de bois quarré
le Second n'est autre choses que des Guinguettes tres jolies.

QUARTIER DE S PAUL

Tous les Environs de ce quartier tres Marchands on y trouve des Manufactures de tapisserie de Toiles peintes or et argent et Verdure, qui deviennent fort à la mode elles sont situées gr. R. S. Antoine prés la Porte.

QUARTIER DU MARAIS

On trouve dans le Marais beaucoup de belles Maisons d'autant plus agreables quelles ont presque toutes des jardins fort ornés, et que les Loyers sont moins chers dans ce quartier. Les Boulevarts qui n'en sont pas éloignés fournissent une promenade Charmante, le Reservoir de la Ville qui en est proche et qui contient 8500. muids d'eau sert a les arroser ainsi qu'à laver dans le besoin le grand Egout de la Ville. on trouve dans ce quartier une Manufacture de Terre Blanche façon d'Angleterre c'est au Pont aux Choux

QUARTIER DU GRD CHASTELET

Ce Quartier est très incommode de la mauvaise exalaison occasionné par la grande quantité de Boucheries et de Marchandes de Marrés qui s'y trouve il y a R. de Gevres des Bateurs d'or des Doreurs sur tout Metaux et des Orfevres &c le Quay de Gevres est tres Marchand sur tout en Mode et bijouterie.

QUARTIER DE S.NICOLAS des Champs

Ce Quartier est très peuplé et très riche; c'est ordinairement dans la R.S.Martin et toutes les R. adjacentes que se fabriques les Evantailles. S. Martin des Champs est dans ce Canton, C'est un lieu privilegié ce qui est cause de sa prodigieuse quantité de toutes sortes d'Artisans. il se trouve dans ce quart une nouvelle Manufacture de Vesailles en fer façon d'argent. on remarque dans la Rue S. Merri le Bureau des Jurés Crieurs et celui des Brouettes, est R. de Montmorency

QUARTIER DES HALLES.

Ce Quartier est peutêtre le plus riche de Paris et celuy qui paroist moins l'estre. le Commerce immense qui s'y fait y attire une telle foule de Marchands que s'y trouvant les uns sur les autres il ne peuvent y etaler leurs richesses. Ce quartier est rempli de fabriques de Boutons de toutes façons

QUARTIER DE LA PORTE S.DENIS

les Fabriques riches et nombreuses de Galons d'Or et d'Argent, de Rubans, de Dentelles, de Taffetas, Gasés, Boutons de toute espece, de Blondes, de Broderies &c. occupent dans ce quartier un nombre infiny d'industrieux Ouvriers du Luxe et de la Mode il s'y trouve quelques fabriques de Couvertures d'Angleterre. C'est principalement dans le Commencement de ce faubourg que s'apliquent les beaux Vernis de Martin

Q^R. DU FAUBOURG S. LAURENT

La Celebre Foire qui se tient tous les ans au Mois d'Aoust dans ce Faubourg le rend très frequenté, on y trouve plusieurs Manufactures. mais sur tout on doit y voir l'apoticairerie de S. Lazare à cause des Squelettes injectés qu'on y conserve, et qu'on ne rencontre nulle part avec autant d'abondance de varieté et de precision que dans cette Maison.

Q^R. DE LA PLACE DES VICTOIRES

C'est principalement dans ce quartier que regne l'opulence on y trouve quantité de belles

Maisons et on admire dans touttes, le gout et la magnificence des meubles l'hotel de la Compagnie des Indes y est situé

QUARTIER DU PALAIS ROYAL

Le Palais Royal est sans doute le grand ornement de ce quartier ou tout est riant et se sans du voisinage de la finance. l'Opera est situé dans le Palais meme la R S. Honoré est bordée de riches Marchãds sur tout en fait de Modes et de Parures il s'y trouve entre la R de l'Arbre Sec et celles des Poulies une nouvelle Manufacture de Fontaines Domestiques qui devienment fort ala mode.

CHAILLOT

Cet Endroit merite d'etre vu acause de la Manufacture nommée la Savonnerie ou se fabriquent les beaux tapis de la couronne façon de Perse et du Levant, le reste est rempli de maisons de Campagne situé en trés belle vué et en bon air

LE GROS CAILLOU

Ce Quartier s'est extrêmement peuplé depuis dix huit a vingt ans c'est ou se logent un nombre de Boulangers pour la provision de Paris les Blanchisseuses et gens de Riviere en sont la principale partie, le bord de la Riviere est bien fourny de jolies Guinguettes C'est pres de là que sont les Invalides.

Pasquier sc.

TABLE
ALPHABETIQUE
DES PRINCIPAUX HOTELS

A

Hotel de Broglie Rue S Dominique page 25 h
Petit H de Broglie meme Rue

C

Hotel de Cambis R d'Orleans page 43 m
H de le Camus R de Torigny p. 60 b
H de Canillac R du Parc Roial page 49 b
H de Castries R de Varenne page 25 h
H de Caumont R de Richelieu page 43 h
H de Chabot Place Roiale page 68 h
H du Chancellier de France Place Vendome page 42 h
H de Chamillard R Coqueron page 43 m
H de Charny R des Barrés page 13 h
H de Charost R du Faubourg S. Honoré p 33 b
H du Chastelet R S. Guillaume page 20 h
H de Chastillon R S Dominique page 42 b
H de Chastillon R du Petit Bourbon page 20 m
H de Chaulnes R de Varenne page 25 h
H de Choiseul R S Avoye page 49 m
H de Choiseul R du Gr. Chantier page 49 h
H de Choiseul R de Seve page 20 h
H de Clermont R de Varenne page 25 h
H de Clermont Tonnerre quay des Miramiones p 13 m
H de Cluny R des Mathurins page 12 m
H de Condé R de Condé page 20 m
H de Conti R S Dominique page 20 h
H du Controlleur des finances R des p. Champs 43 h
H de la Compagnie des Indes R des p. Champs 43 h
H de Crequy R S. Guillaume page 20 h
H de Crequy Cul de Sac de l'Oratoire pres le Louvre 43 m
H de Croy R du Regard page 20 m

D

Hotel de Damas R de Taranne page 20 h
H de Desmarest R Pavée page 49 b
la Douane R du Bouloi page 48 m
H de Duras R du Faubourg S Honoré p. 33 b.
H de Duval meme Rue

E

Hotel d'Egmont R de Louis le Grand page 37 b
H d'Elbeouf R S Nicaise et de Vaugirard page 43 m
H d'Epernon R du Temple page 60 m
H d'Ecquevilly R S Louis au Marais page 60 m
H d'Estainville R de Richelieu page 37 b
H d'Evreux R du Faubourg S. Honoré pag. 33 b

F

Hotel des Fermes du Roi R de Grenelle page 43 m
H du Fief du Roule R des Fossés S Germain 48 b
H de S. Florentin R de la Ville l'Eveque page 33 m
H de Fourcy R de Joui page 13 h.
H de la Force R des S.S. Peres page 20 b

G

Hotel de Gamaches* R des SS. Peres page 20 b
H de S. Gelais R de la Planche page 20 m
H de Gouffier R de Varenne page 20 h.
H de Gournay ou Maison du Diable R de Charenton 69 m
H de Grandmont R N. des Augustins page 37 m
H de Grancey R S Dominique page 20 h
H de Grimberghen R S Dominique page 42 h
H de la Guette R du Sepulchre page 20 b
H de Guiche R du Regard page 20 m
H de Guimenée Place Roiale page 68 h.
H de Guerchy R S Dominique page 42 b

H

Hotel d'Harcourt R de l'Université page 42 b
H de Helmstalt R du Bacq page 20 h.
H d'Herbouville R Pavée page 42 h.
H d'Hollande R des Blancs Manteaux page 40 m
H d'Humieres R de Bourbon page 29 b

J

Hôtel de Joyeuse R S Louis au Marais page 60 b

L

Hotel de Lamoignon R Pavée page 49 b
H de Lannion R de Bourbon page 42 b
H de Lautrec Quay Malaquet ou Quay des Theatins pag 42 b
H de Laval R Notre Dame des Champs p 20 b
pres le Luxembourg page 20
H de Lignerac R S Dominique page 20 h.
H du Lieutenant Civil R Bourtibourg page 49 m
H de Longueville R S. Thomas du Louvre C'est ou est l'entrepot de Tabac. page 43 m
H de Lugny R du Paradis page 49 m
H de Luynes ou du Gouverneur de Paris R S Dominique page 20 h
H de la Luzerne R du Chaume ou du Brac p. 49 m
H de Luxembourg R S Marc page 37 b
H de Louvois R de Richelieu page 43 h.

* apresent Hotel du Rumen

M

N

P

TABLE DES HOTELS GARNYS

A

Hotel d'Abbeville R Guénegaud page 21 h
H d'Aligre R d'Orléans page 43 m
H d'Alinge R Mazarine page 21 h
H d'Allemagne R Jacob page 21 h
H d'Aiguillon R de l'Université page 42 h
H d'Angleterre R Jacob page 20 h
H d'Angleterre R de Tournon page 21 m
H d'Angleterre R de Condé page 21 m
H l'Angleterre R Christine page 21 h
H d'Anjou R Serpente page 12 m
H d'Anjou R Dauphine page 21 h
H d'Anjou R Macon page 12 m
H d'Anjou R de la Poterie page 48 b
H S. Antoine R Traversine page 13 b
H d'Ansbac R Jacob page 21 h
H d'Armagnac R du Chantre page 43 m
H d'Artois R Guenegaud page 21 h
H d'Asfeld R du Pelican page 43 b
H des Asturies R du Sepulchre page 20 m
H d'Auvergne Quay de la Vallée page 21 h
H d'Aix R Montmartre page 48 h
H de l'Amerique R S. Honoré page 48 m
H d'Aquitaine R du Champ fleury page 43 m

B

H de Bavières R Bourbon le Chateau page 21 m
H de Bayonne R Traversine page 43 m
H de Beaujeux R de la Harpe page 12 m
H de Beauvais R des Augustins prés l'H. Soissons 43
H du Boeuf Couronné R du Platre S. Jacques p 12 m
H de Bourbon R de la Croix des petits Champs p 43 h
H de Bourbon R du Colombier page 21 h
H de Bourbon R Gilles Coeur page 12 h
H de Bourbon R Grenelle page 43 b
H de Bourdeaux R des Poulies page 43 b
H de Besancon R S. Sauveur page 48 h
H de Bourgogne R Gilles Coeur page 12 h
H de Bourgogne R de Montmorency page 49 m
H de Bourgogne R de Beuvais page 43 h
H de Bourgogne R Tarane page 20 h
H de Bretagne R de Vaugirard page 20 b
H de Bretagne R de la Croix des p. Champs 43 h

Hotel de Bretagne R S André des Arts p. 20 h

H de Bruxelles R S Martin prés la R des V. Etuves 49

H de Bussy R de Bussy page 21

C

Hotel de Cambis R d'Orléans au Marais pag. 49 m

H de Candis R des bons Enfans p. 43 m

H de Carignan R N S Eustache page 48 h

H de Carignan R Fromenteau p. 43 m

H de Carignan R des V. Etuves p. 48 b

H de Carignan R de la Parcheminerie page 12 m

H de Chaalons R S Martin pr. S Merry p 48 m

H de Chamac R N S Merry page 48 m

H de Champagne R Beaubourg page 49 m

H de Champagne R du Temple prés la R des V. Autriettes page 49 m

H de Champagne R des 4 fils page 49 m

H du Chariot d'or R du Faub. S Jacques pag. 6 m

H de S Charles R Pierre Sarrazin page 21 m

H du Chateau Vieu. R S Andrés des Arts p 21 h

H de Chatillon R de Tournon page 21 m

H de Chauvigny R d'Enfer page 21 b

H de S Christophe R Montorgueil p 48 m

H de Clermont R des 4 Vents page 41 m

H du Compas d'or R Montorgueil page 48 m

H de Contit R Poistevin page 21 m

H de la Cour Imperial R de Bussi p 21 b

H de la Couronne d'or R S Antne pres la R. S Paul. p 13 b

H de la Croix d'or R Montorgueil p 48 m

H de la Croix de fer R S. Denis prés les Filles Penitentes de S Magloire page 48 m

D

Hotel Dauphin R Montorgueil page 48 m

H Dauphin R de la Croix des petits Champs page 43 m

H Dauphin R du four S. Honoré pres l. hotel Soissons. page 43 m

H Dauphin R Tarane page 20 m

H D'orleans R du Chantre page 43 m

H Dorleans R des Petits Augustins p 43 b

H Dorleans R du Parc Royal page 49 m

H Dorleans R des bons enfans page 43 m

E

Hotel d Ecosse R des Cordeliers .... page 21 m
H. d'Espagne R du Colombier .... page 21 h
H. d'Espagne R Guenegaud .... page 21 h
H. d Espagne R Dauphine .... page 21 h
H du S. Esprit R de la Peleterie .... page 12 h
H. du S. Esprit R S. Benoit et R du Chef S. Landri 21.12 h
H. du S. Esprit R Gilles coeur .... page 12 h
H. du S. Esprit R de Tournon .... page 21 m
H. du S. Esprit R des Cordeliers .... page 21 m
H. du S. Esprit R Platrieres .... page 48 h
H. du S. Esprit R de Grenelle .... page 43 b
H. du S. Esprit R des Poulies .... page 43 b
H. du S. Esprit R du four près l hotel soissons p 48 b
H. des deux Ecus R des deux Ecus .... idem
H. a l Ecu d'Orleans R S. Dominique .... page 20 h

F

Hotel du Fief du Roule R des fossés S. Germain 43 48 b
H. du Fief de Loursine R de Loursine page 7 m
H. de Flandres R Dauphine .... page 21 h
H. de la Fleurs de Lis R du Chantre pres le Louvre 43
H. de France R du Paon .... page 21 m
H. de la Franche Comté R de la Poterie p 48 b
H. de Fresilier R de Tournon .... page 21 m

G

Hotel de Gaillard bois R de l Echelle .... page 43 h
H. de Geneve R de Beauvais .... page 43 m
H. de S. Germain R Jean S. Denis .... page 43 m
H. de Gevres R de la Croix des petits Champs 43 m
H. de la Guette R du Four .... page 20.21 m
H. du Grand Villars R de Tarane .... page 20 m
H. au Grand S. Louis R de Grenelle .... page 43 m
H. de Grenelle R de Grenelle .... page 43 m
H. de Grenoble R de Grenelle .... page 43 m

H

H. de Hambourg R Jacob .... page 21 h
H. de Hambourg R du Four .... page 21 m
H. a la Herse R du Faub. S. Jacques .... page 7 m
H. d'Hollande R du Colombier et R du Boulói .... page 21 43
H. d'Hollande R S. Andrés des arts .... page 21 m
H. S. Honoré R S. Honoré .... page 43 m
H. d'Harcourt R des V. Augustins prés S. Eustache 48 m
H. d Harcourt R de la Harpe .... page 12 m

J

H de S. Jacques R du Faubourg S Jacques p. 7 b
H de Jean de Garain R Traversine page 42 m
H a l'Image S Jacques R du Faub S Jacques p 7 m
H Imperial R du Four page 21 m.
Petit H des Indes R Traversine page 42 m
H d Issoudun Place Maubert page 12 m

L

Hotel de Liache Naye R du Faub S Honoré p. 34 m
H de Lambese R du Jour page 48 m
H de Lion R de Bourbon le Chateau page 56 b
H de S Laurent R du Four prés lhotel Soissons p 48 m
H du Laurier R Zacharie page 12 m
H de la Limace Place Maubert page 12 m
H de Limages R des V Augustins pres S Eustache 48 m
H a limage S Bernard R d Enfer pres le Luxemb 21
H de l'Isle R de Seine page 21 h.
H de Lisieux R S Severin page 12 m
H de Lisieux R des Fossés S. Germain pr. la R de Larbr sec 48
H de Lisieux R du Chantre page 43 m
Gr. H de Lion R de Grenelle page 43 b
H de Londres R du Colombier page 21 h.
H de Londres R Dauphine page 21 h.
Gr. H S Louis R du Platre S. Jacques page 12 m
H S Louis R des Augustins page 21 h.
H S Louis R Gilles Coeur et R de Grenelle S Honoré 21 43
H de Louis XV R Jean S. Denis page 43 m
H de Lusignan R des Vieilles Etuves page 48 m
H de Luynes R du Colombier page 21 b

M

Hotel du Mans R Macon page 12 m
H de la Marche R Poictevin page 21 m
H de la Marine R de Gaillon page 43 b
H de S Martin R fromenteau page 43 m
H de la Montagne R du Champ Fleuri page 43 m
H de Montauban R Gilles Coeur page 12 b
H du Mont S. Michel Place Maubert page 12 m
H de Montmorency R Mazarine page 21 h.
H de Montmorency R de Montmorency page 48 m
H de Modene R Jacob page 21 h
H de Moscou R des Augustins page 21 h.

N

h.	Hotel	de Navarre R S. Sauveur	page 48
b	H	de Nevers R Fromenteau	page 43
b	H	de Nevers R Perdüe	page 48
m	H	de la Nef d'Argent Place Maubert	p. 7
b.	H	de Normandie R du Sepulchre	page 20
b.	H	de N Dame R du Colombier	page 21
b.	H	de N Dame R du Jardinet	page 21
m	H	de N Dame R des Anglois	page 12
m	H	de N Dame de Liesse R Macon	p. 12

P

h.	Hotel	du Panier fleuri R des Augustins	p. 21
h	H	du Parc Royal R du Colombier	p. 21
h.	H	du Perou R Traversine	page 43
h.	H	du Perou R Jacob	page 21
h	H	de Picardie R de Seine	page 21
b.	H	de S Pierre R d'Anjou	page 21
m	H	de S Pierre R des Cordiers	page 12
m	H	de S. Pierre R du Four prés l'hotel Soissons	
b	H	de Pologne R Macon p. 21	p. 48
h	H	de Pologne R S André des Arts	p. 21
h	H	de Pontdichery R Traversine	p. 43
b	H	du Port Mahon R Jacob	p. 21
h	H	du Port Mahon R Soli	page 48
m	H	des Princes R de l'Echelle	page 43
m	H	des Prouvaires R des Prouvaires	p. 48
b	H	de Provence R de Seine	page 21
m	H	de Provence R de Condé	page 21
b	H	de Provence R S André des Arts	p. 21
b	H	de Provence R Traversine	p. 43
m	H	de la Providence R d'orléans	pag. 43

Q

	Hotel	des 4 Saisons	
h	H	des 4 Provinces R des frondeurs	p. 43

R

m	Hotel	de Reims R de l'hirondelle, et R Verrerie	12
	H	de Richelieu R S Martin prés la R	et 49
m		de Montmorency	page 49
b	H	de Rouen R S Benoit	page 21
m	H	de Rouen R de l'hirondelle	page 12
m	H	Royalle R des Mathurins	p. 12
h	H	Royalle R de Richelieu	page 43
h.	H	de Russie R Christine	page 21

S

Hotel	Saumur R S Jacques prés la R de la Parcheminerie	page	12	m
H	de Savoye R de Savoye	page	21	h.
H	de Saxe R S Martin prés la R au Ours	page	48	m
H	de Saxe R du Colombier	page	21	h.
H	de la Selette rouge R S. Denis	page	48	m
H	de la Serpente R Sepente	page	12	m
H	des 2 Siciles R de Richelieu	page	43	h.
H	de S Severin R S Severin	page	12	m
H	de Strasbourg R du Sepulchre	page	21	h.
H	de Strasbourg R N S. Eustache	pag.	48	h.
H	de Suede R de Tournon	page	21	m
H	de Suede R de Bourbon le Chateau	p	21	h.
H	de Suede R S Anne	page	43	h.

T

Hotel	de Tarane R Tarane	page	20	m
H	de Toulouse R des Augustins	page	21	b
H	de Toulouse R Gilles Cœur	page	12	h.
H	de Tours R du Sepulchre	page	20	h.
H	de Tours R du Paon	p.	21	h.
H	de Treville R de Tournon	p.	21	m
H	des Trois Rois R Montorgueil	p.	48	m
H	de Turin R Soli	p.	48	m

V

Hotel	a la Ville de Bruxelles R Quinquempoix		48	m
H	a la Ville de Lyon R de la V. Draperie	p	12	h.
H	a la Ville de Lyon R du Champ fleury	p	43	m
H	a la Ville de Reims R de la Verrerie prés la R de la poterie	p.	49	b.
H	a la Ville de Rouen même Rue	p	49	
H	des Victoires R des fossés Montmartre		48	h.
H	de Vivienne R de Richelieu.	page	43	h.

Pasquier

POMPES DU ROY PUBLIQUES
Pour remedier aux incendies

QUARTIER DU FAUB.G S.T GERMAIN
Lieux ou les Pompes sont deposées
Chez Monsieur le Lieutenant general de Police
A la Foire de S. Germain: du Presbitere de M.r
le Curé de S. Sulpice: à la Comedie Françoise: au
coches de Versailles pres le Pont Royal.

QUARTIER DE LA CITÉ.
Lieux ou les Pompes sont deposées
A l'Archeveché: et Chez M.r le Premier President

Q.R S.T MICHEL S.T VICTOR ET S.T MEDARD
Lieux ou les Pompes sont deposées
A S. Genevieve aux Carmes de la Place Maubert
aux Jesuites de la R S Jacques

QUARTIER S. PAUL &C
Lieux ou les Pompes sont deposées
Au S. Esprit: aux Jesuites de la R S Antoine: et
à la Diligence de Lyon.

QUARTIER S. EUSTACHE ET S DENIS
Lieux ou les Pompes sont deposées
au Grand Cerf R S Denis à la Trinité et à la Come
die Italienne.

QUARTIER DU MARAIS
Lieux ou les Pompes sont deposées
Aux Blancs Manteaux: et aux Enfans Rouges

QUARTIER DU PALAIS ROYAL
Lieux ou les Pompes sont deposées
A l'Opera: à l'oratoire à la Halles aux Draps
rue de la Lingerie: aux Capucins et à la Bibliotheque du Roy.

TABLE

ALPHABETIQUE

DES RUES

A

B

Nota: les Lettres h. m. b. signifient le haut, le milieu et le bas des Pages où les Rues se trouvent.

C

* R. Beuriere p. 20 m

m	Rue S. Nicolas page 69
m	S. Nicolas du Chardronet 13
h	du Noir page 7
h	des Nonandieres p. 49
hb	de Normandie p. 60 et 13
b	N D. des Champs p. 21
b	N D de Lorette p. 37
h	N D de Nazaret p. 49
b	de Recouvrance p. 56
h	N D. des Victoires p. 43
m	R. des Noyers p. 12
	O
m	Rue de l'Observance 21
b	R. de l'observatoire p. 6.
m	Ognare page 48
h	des Oiseaux page 49
h	des Oiseleurs page ..
m	d'Olivet page 25
h	de l'Orangerie p. 42
h	Orberie page 12
h	des Orfevres p. 48
b	d'Orleans p. 43 49 et 80
	des Ormes p. 13
mb	des Orties page 43
h	de l'Oseille page 60
m	aux Ours page 48
b	de l'Oursine page 7
	P
b	R Pagevin page 48
b	Paienne page 49
m	C. de S. du Palais Royal 43
m	R. Palatine p. 21
m	du Paon page 21
m	Cul de Sac du Paon p. 21
bh	R. du Paon blanc p. 12 et 13
mmh	de Paradis p. 6 49 56
m	du Parc Roial p. 49 et 60
m	de la Parcheminerie p. 12
h	du Pas de la Mule p. 68
m	Patourelle page 49
b	Cul de Sac des Patriarches 7
hb h	Rue Pavée p. 21 48 et 49
h	S. Paul page 18
h	Cul de Sac S Paul p. 68
m	R. du Pelican p. 43

R. de la Pelleterie p. 12	h
Cul de Sac Pequai ou Novion 49	h
R. Percé page 12 et 13	hh
du Perche page 49	m
Perdue page 12	m
de Perigneux page 60	h
Perin Gasselin page 48	h
de la Perle page 49	b
Cul de S. de la Peronelle p. 42	h
R Perpignan page 12	h
du Pet au Diable p. 49	b
du Petit Bourbon p. 21	b
du Petit Carreau p. 48	h
du Petit Jardinet p. 21	m
du Petit Lion p. 21 et 48	m
du Petit Moine p. 7 et 80	b
du Petit Muse p. 68	h
du Petit Pont page 12	m
des Petits Augustins 21	b
des Petits Peres p. 43	h
des Petits Pilliers p. 48	m
des Petits Champs p. 48 49	m
Cul de S. Petite Bastille 43	b
R. de la Petite Monoie p. 48	b
Phelipeaux page 49	h
S. Philipe page 56	b
de Picpus p. 73 et 73	bh
du Pie de Boeuf p. 48	b
S. Pierre p. 43 48 et 60	bbh
Cul de Sac S. Pierre 48 et 60	h
R. Pierre Assis p. 7	b
S Pierre aux Boeufs p. 12	h
Pierre au Lard p. 49	m
Pierre aux poissons 48	h
Pierre Sarazins p. 21	h
Pilliers des Halles 48	m
de la Place aux voeaux 48	b
S Placide page 20	b
de la Planche page 20	h
Planche Mibrai p. 48	h
de la Planchette p. 78 et 77	b
C. de S. de la Planchette 49	h
du Plat d'Etain p. 48	b
du Platre page 12 et 49	mh

h Rue des Plumets 25. 13
m Platriéres page 48
m Pointe S. Eustache p. 48
m R des Poireés p. 12
m du Poirier page 48
m Poissoniere page 56
m Poictevin page 21
h de Poitou page 49
m Poliveau page 80
h de la Pologne p. 36
hb du Pont aux biches 49. 80
m du Pont aux Choux p. 60
m de Popincourt page 61
m des Porcherons p. 37
b du Port aux oeufs p. 12
b du Port l'Eveque p. 12
m Cul de S. Portes aux peintres 48
h R. Porte foin page 49
bh des Postes page 7 37
h Pot de Fer p. 7 et 21
b de la Poterie page 48
b Poterie S Severin p. 7
b de Poitiers p. 42
hb des Poules p. 7 et 12
b des Poulies page 43
m Pouletiere page 13
m Poupee page 12
b du Pourtour page 13
m des Precheurs page 48
h R des Pretres S Etienne 12
b des Pr. S Germain p. 43
h des Pr. S Paul page 68
m des Pr. S Severin p. 12
m des Pr. S Sulpice p. 21
m R. Princesse page 21
b de la Procession p. 74
m C. de S. des Provinciaux 43
m des Prouvaires p. 48
b du Puits page 49
m du Puits d'Amour p. 48
h du Puits l'hermite p. 80
h du Puits qui parle p. 7
h du Puits de Rome p. 49
m du Puits de la Ville p. 7

Cul de Sac Putigneux p. 13 h
C. de S. Putigno pag. 13 h

Q

R. des Quatres fils p. 49 h
des Quatres Vents p. 21 m
C. de S des 4 vents p. 21 m
R des Quenouilles p. 48 b
Quimquempoix page 48 m
Quirassis ou Pierre assis 7 b

R

R. de Rambouillet p. 76
de la Rapée page 76 b
des Rats p. 12m et 64 m
de la Reale page 48 m
des Recollets page 52 57 m
du Regard page 20 b
Regratieres page 13 m
de Rheims p. 12 m
de la Reine blanche p. 80 b
du Rempart page 43 m
des Remparts p. 68 b
du Renard page 48 m
du Reposoir page 43 h
Renaud le fevre p. 13 h
de Reulli p. 77 et 72 h
du bas Reulli p. 72 et 60 h
de Richelieu p. 37b et 43 h
S. Roch page 66 b
C. de S. S Roch p. 43 h
R. du Roi doré p. 60 m
C. de S. du Roi francois 48 h
du Roi de Sicile p. 13b et 49 b
Roiale p. 37h 13b et 68 h
C. de S. Rolinprend gage 48 m
R S Romain page 26 b
de la Roquette p. 61 et 69b b
C. de S de la Roquette p. 69 h
R des Rosiers p. 49 et 20 m
C. de S de Rouen page 21 m
R. du Roule p. 32 et 48 m
Rousselet page 26 b

S

Cul de S. des Sablons p. 12 h
R. du Sabot page 21 m

Fontaines

Principales.

Places

TABLE ALPHABETIQUE

des Paroisses Colleges Hopitaux des Edifices remarquables Communautés d'Hommes et de Filles Hospitaliers et Hospitalieres Hotpitaux Seminaires &c

PAROISSES.

COLLEGES

ECOLES

HOPITAUX

h	Hotel Dieu	p. 12.	la Pitié	p. 80.	h
h	Nom de Jesus	p. 57.	les Quinze vingt	p. 48	m
m	des Incurables	p. 20	hop. general de la Salpetriere	80	b
h	S. Louis	p. 52	les Teigneux	p. 20.	m
m	les Petites Maisons	p. 20	la Trinité	p. 48	h
m	Orphelines	p. 20.	Scipion ou S. Marthe	p. 8	m

EDIFICES REMARQUABLES

m	Accademies	p. 13.	Jardin de la Reine	p. 42.	m
b	Arcenal et Bastille	68.	les Invalides	p. 23. 26	h
	Bureaux des Marchands	...	le Louvre	p. 43	m
bh	Grand et pet. Chatelet	12 et 48	P. du Luxembourg	p. 21	m
m	Comedies Françoise	p. 21	Manuf. des Glaces	p. 72.	m
h	Comedie Italienne	p. 48.	Manuf. de Fayence	p. 60	h
bm	Consuls, Douane	43.	H. de la Monoie	p. 48	b
m	Hotel des Fermes	p. 43	les Mousquetaires gris	42	b
m	Foire S. Germain	p. 21	les M. Noirs	p. 68	m
h	Foire S. Laurent	p. 57	l'Observatoire	p. 6	b
b	les Gobelins	p. 80	l'Opera	page 43	m
b	Grenier à Sel	p. 48	le Palais	p. 12	b
b	Hotel de Ville	p. 49	le Palais roial	p. 43	m
h	Jardin du Roi avec le Cab.		les Traiteries	p. 42	m
h	Jardin des Apoticaires	7	la Folie Titon	p. 72	b

COMMUNAUTÉS D'HOMMES

			les Carmes billetes	p. 49	m
			S. Catherine du Val	p. 13	h
			les Celestins	p. 68	h
			Chartreux	p. 21	b
			Chev. du Temple	p. 48	h
			Chev. de S. Jean de latran	12	m
h	le Petit S. Antoine	p. 13.	les Gr. Cordeliers	p. 21	m
m	les gr. Augustins	p. 21	petits Cordeliers	...	
h	les petits Augustins	p. 42	les Nouveaux Convertis	p. 80	h
h	les Barnabites	page 12	la Doctrine Chretienne	p. 13	b
	Benedictins des Blancs		les Feuillans	p. 42	h
m	Manteaux	page 49	Feuillans des Anges	p. 21	h
b	Benedictins de Cluni	p. 21	S. François de Sale ruiné		
h	Ab. de S. Denis de la Chartres	12	Freres des Ecoles	p. 20	b
h	Ben. de S. Germain des Prés	21	Chanoines S. Genevieve	12	b
h	Ab. de S. Martin des Champs	49	les Grand Jacobins	p. 12	h
m	les Bernardins	p. 13	les Jacobins reformés	p. 42	h
m	S. Croix de la Bretonnerie	49	le Noviciat des Jacobins	42	b
b	les Capucins	page 6	Colege Louis le Grand: Jesuites	12	b
m	les Carmes	page 12	Grand Jesuites	p. 13	b
m	les Carmes deschausses	20	Noviciat des Jesuites	20	m

m	S. Julien des Menetriers 48	les Petits Peres .... p 42	h
m	les Mathurins ... p 12	les Picpus .... p .. 74	h
m	la Merci .... p 49	les Picpus de Nazareth 49	h
b	les Minimes ..... p .. 60	les Premontrés ... p ... 21	m
h	Missionaires S. Lazare 36	les Recollets ..... p .. 57	h
h	Miss. des bons Enfant 12	les Theatins ..... p ... 42	b
	Miss. des Invalides	les Freres Tierssaires . 36	b
m	Missionaires etrangers . 20	Chanoine S. Victor ... p . 13	m
m	Oratoire S. Magloire . p . 43	Com. S. Hilaire	
b	Oratoire de l'Institution 6		

COMMUNAUTÉS DE FILLES

	S. Agathe ... ruiné	la Mad.ne de Trenelles p. 72	h
m	S. Agnés .... p 48	des Madelonettes .. p .. 49	h
b	des Angloises .... p. 69, 7	de S. Margueritte . p .. 69	h
h	de S. Anne ...... p 43	Peniten S. Magloire . 48	m
m	des Annonciades .. p .. 67	des Miramiones .... p . 43	m
m	A. S. Antoine ...... p 69	A. de Panthemont . p . 20	b
h	de l'Assomption . p .. 42	le Bon Pasteur ... p .. 20	b
b	de l'Ave Maria .. p 13	S. Pelagie .... p 80	h
b	les Augustines . p 13	S. Perpetue .... ruiné	
m	S. Avoie .... page . 49	les Picpus ..... p 74	h
h	S. Aure ...... p 7	le Port Roial .. p 6	h
b	de Belle Chasse . p .. 42	la Presentation . p 7	m
b	de Benedictines .. p . 36	la Providence ... p 7	m
b	A. aux bois .... p 20	Recolletes .... p 20	h
m	du Calvaire ... p 60	du S. Sacrement .. p .. 20	m
h	des Capucines .. p 42	du S. Sacrement p. 60	h
	des Carmelites .. p 6	du Sang precieux p. 20	b
m	des Carmelites . p. 6 et 29	du Sauveur .. p 60	h
h	des Nouvelles Catholiques 48	du Bon Secours .. p .. 72	h
b	N.D. des Prez .. p 20	de S. Thecle ... p .. 20	b
b	des Soeurs de la Charité 7	des FF. S. Thomas p. 20	b
h	la Conception .. p 42	A. du Val de Grace p. 6	h
h	des Cordelieres ... p 7	S. Valere .... p 7	m
m	des petites Cordelieres 20	la Visitation S. Marie p. 12	b
h	des FF. de la Croix p. 72	la Visitation ...... p .. 68	h
h	des Filles de la Croix . 80	des Ursulines .. p 7	h
h	S. Elizabeth ...... p 49	Union Chretienne p. 48	h
h	des Feuillantines .. p .. 6		
b	des Filles bleues .. p. 60		
h	des Filles Dieu . 48 ...		
	des FF. S. Joseph . p .. 20		
	N.D. de Liesse .. p ... 20		

HOSPITALIERS

les Freres de la Charité .... p 21	h

HOSPITALIERES

m	S. Catherine . p . . . 48 . .	hop. S Michel . p 7	m
m	hop. de la Charité . p. 21	hop. de la Misericorde . p. 80	h
	hop. S. Anastase ou . . .	hop. de la Misericorde . p. 21	m
m	S Gervais . . p. 49 .	hop. de la Misericorde . . .	
h	Hotel Dieu . . p . 21 .	hop. de la Roquette . p. 64	b

SEMINAIRES

m	des Bons Enfans . p. 13	S Marcel . . . p . . . 80	b
h	du S. Esprit . p . . . 49	S Nicolas du Chard . p 13	m
b	S. Louis . . p . . 21	S. Sulpice . . p 21	m
h	S Magloire . p . . 6 . .		

FAUBOURGS

Faub. S. Antoine p 68	Faub. S Marceau ou
Faub S. Denis p 57	S. Marcel page 6 et 80
Faub. S. Germain p 20	Faub S. Martin p 57
Faub. S. Honoré p 33	Faub S. Michel p 6
Faub. S. Jacques p 6 .	Faub. Montmartre p 56
F. du Roule 32 et du Temple 52	Faub. S. Victor p 13 et 80

BOETES A LETTRES

Posées dans differents Quartiers de la Ville po.r la com. du Pub.lic

Une R. S Honoré pres les Quinze Vingts p	43	m
Une Faub. S. Honoré près la Portes p	42	b
Une R Montorgueil vis avis la R de Clery p	48	m
Une rue S. Martin au coin de la R aux Ours p	49	m
Une R S Antoine près la R. Geoffroi l'Anier p	49	b
Une au Faub. S Antoine page	68	m
Une dans l'Isle S. Louis R des 2 Ponts p	13	m
Une Place Maubert pres la Fontaine p	12	
Une R S Jacques au coin de la R des Cordiers p	12	
Deux au Faub S Germain l'une R. du Bac et l'autre R Bourbon		
Une R. du Bac près la R. de Verneuil le Chateau 42 p.	21	
Une dans la Cour du Palais p	12	
Une à l'hôtel des Mousquetaires gris p	42	b

l'Ouverture desdittes Boetes se fait trois fois par jour, à huit heures du Matin, à Midi, et à huit heures du Soir. Ensuitte dequoi, les Lettres se portent au Bureau General qui est Rue des Poulies vis avis la R des Fossés S. Germain l'Auxerrois

MESSAGERS COCHES ET CAROSSES

Pour l'Alsace &c.

Pour
Brisach, Neu Brisach, du Fort Louis, Guermersheim, Haguenau, Huningue, Landau, Weissemberg

R. Melai ou Meslé, on se charge dans le meme Bureau de ce que l'on peut envoyer a Worms, Spire Francfort, Leipsick, Stoutgard, Nuremberg Hambourg Berlin Dresde Ratisbonne Vienne &c il y a toutes comodités

L'ANGOUMOIS

Pour
d'Agouleme Cognac, Chat. Neuf, la Rochefoucault &c est situé rue Contrescarpe pres la R. Dauphine

L'ANJOU

Pour
Angers, Beaugé, Saumur, la Fleche le Lude Craon &c sont R. d'Enfer Porte S. Michel, a la Reserve de Craon qui es R. Pavée

LE PAÏS D'AUNIS

Pour
Rochelle, Brouage Marenes Soubise Rochefort Molé &c est R. Contrescarpe pres la R. Dauphine

L'AUVEGNE

Pour
Clermont Riom, S. Flour Orilliac Aiguepersе Liezoux Billon &c. Quay des Celestins ou Port S. Paul

LE BOURBONNOIS

Pour
Moulins. Bourbon l'Archambaut Mont-Lucon, S. Amand Port S. Paul

LA BOURGOGNE

Pour
Dijon Autun Auxerre Chalons Macon Charolles &c Quay des Celestins

LA BEAUCE

Pour
Orleans Blois, Chateau Dun Chartres Etampes Vendome Montoir Bonneval &c R. Contrescarpe pres la R. Dauphine

LE BERRY

Pour
Bourges Issoudun, la Ferté Chastillon Chateau Roux &c R. Contrescarpe pres la R. Dauphine

LA BRESSE

Pour
Bourg, Belley Seissel Baugey &c. Port S. Paul.

LA BRETAGNE

Pour
Rennes S. Malo Dol S. Brieux Tregicier S. Paul de Leon Brest Morlaix Quimper Orient Port Louis Vennes &c R. Pavée pres les Augustins, et celui de Nantes R. d'Enfer Porte S. Michel

Pour LA CHAMPAGNE

Troyes, Nogent, Langres, Chaumont en Bassigny, R de la Vererie

Sens, Port S. Paul, Joinville, Chalons, Epernay, Meaux, Chateau Thiery, &c. R de la Verrerie.

Reims Grand Prez Suipe Retel Mezieres Charleville Rocroy, &c R S Martin vis avis la R de Montmorency

LE DAUPHINÉ

Voyez la Route de Lyon

L'ESPAGNE

Voyez Route de Bourdeaux

Pour LA FRANCHE COMTÉ

Besançon, Dole, &c Port S. Paul, on se Charge aussy dans ce Bureau pour Basle &c en Suisse

Pour LA GASCOGNE

Bourdeaux, Blaye, Agen, Condom, Dax, Tarbes, Ausch Lombez, Bazas, Bayonne, S. Jean du Luz, Pau, Oleron, &c R contrescarpe, hors celui de Ausch, Condom Tarbes, Lombez, Foix Carcassonne &c qui est R d'Enfer Porte S. Michel. on se Charge rue contrescarpe des Paquets et autres, pour l'Espagne.

Pour ISLE DE FRANCE

Soissons Laon N Dame de Liesse S. Hubert &c R S Martin, de Senlis Noyon Compiegne, Beauvais &c R S Denis vis avis les FF. Dieu on trouve dans ce Bureau des Chaises et Berlines, le Carosse de S. Germain en Laye Poissy Triel Mantes &c. au Portes Honoré pour Versaille, Pont Royal. Pontoise R Montorgueil Dourdan rue Contrescarpe Melun. Port S Paul

Pour LE LANGUEDOC

Toulouse Narbonne Montpellier Alet Mirepoix Lodeve Alby, R d'Enfer Porte S Michel

Pour LE LIMOUSIN

Limoges Uzerches Tulles Brives &c R d'Enfer il y a des Rouliers chaque Semaines pour tous ces endroits.

Pour LE LIONNOIS

Lyon Villefranche Montbrisson Port S Paul on y trouve la Deligence de Lyon; des Chaises et Berlines

Pour LA LORAINE

Metz Pont a Mousson, Sarrelouis, Verdun, Toul, Nancy, R de la Verrerie: Sedan Donchery Boiallon Montmedy Dun Stenay Mouson, le Mont Dieu Jamets Montfaucon Liege Cologne Namur Aix la Chapelle Mastricht Mons &c R S Martin vis avis la R de Montmorency.

LE MAINE

Pour le Mans, Bonnestable, la Ferté Bernard, Laval, Mayenne &c. R Contrescarpe hors celui de Laval et Mayenne qui est R Pavée

LA MARCHE

Pour Gueret Belac de Dorat R d'Enfer Porte S Michel.

Hte et BASSE NORMANDIE

Pour Rouen, le Havre, Dieppe, Honfleurs, Montivilliers et généralement pour toutes la haute Normandie R. Pavée Caen Bayeux, Lizieux Cherbourg. R S Denis vis à vis les Filles Dieu. le Messager de Coutances S Lo; R des fossés S. Germain de meme que celui d'Avranches Mortaigne Damfront &c. le Carosse de Sées, l'Aigle Argentan &c. est R Montorgueil de meme que la Messagerie de ces Lieux.

LE PERIGORD

Pour Perigueux, Bergerac Sarlat Montignac &c R Contrescarpe pres les Augustins

LA PICARDIE

Pour Amiens Abbeville Peronne, S Quentin, Guise Ham Cambray, Arras, S Omer &c R S Denis vis à vis les F. Dieu

PAYS BAS FRANCOIS

Pour Lille Dunkerque Valenciennes Philipeville &c. R S Denis.

la PROVENCE

Voyez Routte de Lyon

LE POITOU

Pour Poitiers Castelleraut Fontenay Lucon Niort &c R Contrescarpe

LE QUERCY

Pour Cahors Figeac Montauban Rodez Villefranche &c R d'Enfer

LE SAINTONGE

Pour Saintes Pons Mirembeau Cosnac R. Contrescarpe.

LA TOURAINE

Pour Tours, Loches, Amboises, Chateau Renaud, R Contrescarpe

COCHES D'EAU

Le Coche de Sens, et route, Montargis, Briare, et route: Port S Paul. de meme que celui d'Auxerre Montereau Melun, Nogent, Corbeil, Villeneuve S George, et route.

le Coche Royal, de Fontainebleau est Quai hors Tournelle.

le Coche d'eau pour Beaumont sur Oise Creil Pontoise Compiegne Soissons &c. Rue Montorgueil a l'image S Christophe.

DEPART DES ROULIERS

les Rouliers de la Champagne, logent R S Denis à l'anc. gr Cerf R Greneta au Mouton, R de la Verrerie
les Rouliers de la Loraine et Alsace, logent R Greneta et R de la Verrerie à l'hotel N Dame, Allemagne idem
les Rouliers de la Bourgogne logent R S Denis au gr Cerf
les Rouliers de la Franche Comte, logent R S Denis
les Rouliers de la Provence Dauphine Italie Suisse Savoye &c logent R S Denis a la Croix blanche
les Rouliers de Languedoc logent R S Denis a la Croix Blanche
les Rouliers de Auvergne logent R S Denis
les Rouliers du Lyonnois logent R de la Verrerie a l'Image N Dame R S. Denis au gr. C. et R d'Enfer
les Rouliers du Bourbonnois logent R S Denis, et R d'Enfer
les Rouliers de la Marche et Limousin logent R d'Enfer
les Rouliers de la Gascogne logent R S Denis a la Cr. blanche et a l'ancien gr Cerf
les Rouliers du Saintonge et Angoumois logent R S Denis a la Croix blanche et a l'ancien gr Cerf
les Rouliers de Poitou, logent R S Denis a la C. blanche et au gr Cerf. et R d'Enfer Porte S Michel
les Rouliers de Anjou et Touraine logent R S Denis a la Croix Blanche et R d'Enfer Porte S Michel
les Rouliers de Bretagne logent R S Denis a la Croix blanche et a l'ancien gr Cerf et R d'Enfer on prend p. la Rochelle
les Rouliers de la Haute et B. Normandie logent R Montorgueil
les Rouliers du Maine et Perche logent porte S Michel
les Rouliers de Berri et Nivernois logent R d'Enfer Porte S Michel
les Rouliers de la Beauce et tout l'Orleanois logent R d'Enfer Porte S. Michel et R S Denis a l'ancien gr Cerf et a la Croix Blanche, et R du Faub. S Jacques
les Rouliers de la Picardie Artois et Flandres, logent R Greneta au Chariot Dor et au Mouton Couroné

PLACE DE CAROSSES

qui se trouvent dans tous les quartiers de

PARIS

Une Rue Meslé pres la Porte S Martin.
Une R des 4 fils près le Temple
Une R S Martin près S Julien des Menestriers
Une R des Francsbourgs au Marais
Une Porte S Antoine

PLACES DE CAROSSES et C. de G. Derniere Feuille

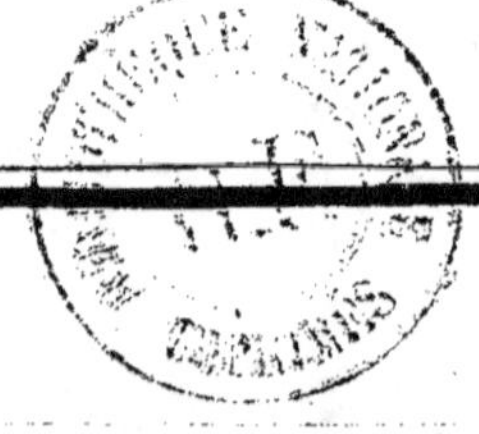

TABLE DES MATIERES

MÉTHODE FACILE

Pour faire usage du Plan Topographi-que et raisonné de Paris. en voulant passer d'un Quartier á un autre.

DE LA BARRIERE DE LA RUE D'ENFER

Au Quartier de S.t Sulpice, de l'Abbaye, de la Croix rouge, de la Place S. Michel &c.

Gagnez la seconde Barrieres; sortez la page par la Rue d'Enfer et voyez page 21. même Rué. pour les quartiers de S. Sulpice de de la Croix rouge &c. on peut passer à travers le Luxembourg.

Aux Invalides, Ecole Militaire, et au Combat des Animaux

Suivez la R. d'Enfer jusqu'à la seconde barriere alaquelle vous détournerez à gauche, en prenant le Chemin qui và à la R. N. Dame des Champs, voyez page 20. de là pour aller au combat sortez la page par la R. des Vieilles Tuilleries, voyez page 25. rue du petit Vaugirard, descendez par la R. S. Romain, et voyez le Combat, pour les Invalides et l'Ecôle Militaire; de la R. N. D. des Champs il faut gagner la R. de Varenne où de Babilone, qu'il faut suivre jusqu'au bout, voyez page 25.

Au Quartier du Palais Royal, Place des Victoires, Place Vendome, Porte S. Honoré &c

Suivez la R. d'Enfer et voyez page 21. même Rué. de là gagnez la R. Dauphine, suivez là jusqu'au bout, passez sur le Pont Neuf qui est au bas de la page 43. de là prenez le plus court pour aller au quartier qui vous est nécessaire. Pour le Quartier de la Place Vendôme et des environs: de la Rue d'Enfer il faut gagner la R. du Colombier et sortir par la R. Jacob. de là Voyez P. 42.

Au Quartier du Faubourg S. Honoré, du Roule et de la Magdelaine de la Ville l'Eveque.

Prenez la Route qui conduit droit au Palais Royal que vous suiverez jusqu'au pont neuf, de là gagnez la Rue S. Honoré par la quelle vous sortirez la page. ensuite voyez page 36. et 33.

Au Quartier des Filles S. Thomas, de la Grange Bateliere, du Faub. Montmartre, &c.

Suivez la Route du Palais Royal jusqu'au pont neuf. de là sortez par la R. Vivienne ou de Richelieu, et voyez page 37, même Rue.

Au Quartier du Palais, de N. Dame de la Pl. Maubert, du Faub. S. Victor, de l'Isle S. Louis, des Jesuites, du Port S. Paul, &c.

Sortez la page par la R. d'Enfer et voyez page 21 meme R. de là pour aller au Palais, gagnez la place S. Michel et sortez par la Rue de la Harpe, voyez page 12, meme Rue; pour les autres quartiers au lieu de passer a la place S. Michel detournez par la R. S. Thomas et V. page 12 même Rue

Au Quartier des Halles, de la gr. Poste, et des Filles Dieu, de S. Nicolas des Champs, du Temple, de l'H. Soubise, de S. Merri, de l'Hotel de Ville, du gr. Chatelet &c.

Pour aller au quartier des Halles, de la gr. Poste, des filles Dieu et du gr. Chastelet suivez la Route ci devant qui conduit au Palais: de là sortez la page par le pont au change et voyez page 48 meme P. pour les autres quartiers prenez la Rue du Faub. S. Jacque que vous suiverez jusqu'à la R. de l'Estrapade qui est au bas de la P. 12. de là sortez la Page par le Pont N. Dame et voyez page 48.

Au Faubourg S. Martin, et de S. Laurent.

suivez la route qui conduit à S. Nicolas des champs. de là sortez la page par la R. S. Martin et voyez page 57.

Au Faubourg S. Denis et de S. Lazare.

prenez la Route qui va au filles Dieu que vous suiverez jusque là sortez la page par la R. S. Denis et voyez page 56 et 57.

Au Quartier du Pont aux Choux, des Filles du Calvaire, au Marais, et du Menil Montant.

Prenez la Route qui conduit du Faubourg S. Jacques.

Au Quartier de S. Paul de la Place R.le du F.g S. Antoine, de Berci et du Mont Louis.

Prenez la Route du Faubourg S. Jacques

A l'Hopital General, Au Marché aux chevaux au Jardin du Roy &c.

Suivez la Route cy devant c'est a dire du Faubourg S. Jacques

DU FAUBOURG S. JACQUES

Au Quartier du Faubourg S. Honoré, du Roule et de la Magdelaine de la Ville l'Eveque,

Sortez la page 6. par la R. d'Enfer, et voyez page 21. même R. de là gagnez la place S. Michel, sortez par la R. Dauphine, et voyez pag 43. du pont Neuf gagnez le Palais Royal et sortez par la R. S. Honoré voyez page 36. et 33.

Au Quartier du Palais Rle, de S. Roch, de la Place des Victoires, du Louvre, et du Pont Neuf.

Suivez la Route cy devant jusqu'au pont Neuf: de là prenez le plus court pr. le quartier qui vous est necessaire.

Au Quartier de S. Sulpice, de l'Abbaye, de la Croix rouge, du Luxembourg, de la Place S. Michel, du Quay des Augustins, &c

Prenez la même Route jusqu'au bas de la page 21.

Au Quartier des Invalides de l'Ecole Militaire du Combat des Animaux &c.

Sy vous este prés les Capucins gagnez la R. de la Bourbe que vous suiverez jusqu'au bout: de là prenez la Route qui cond. de la Barrieres de la R. d'Enfer à ces endroits

Au contraire sy vous estes pres S. Jacques du haut pas sortez la page par la Rue d'Enfer et voyez p. 21 même R. de la passez à travers le Luxembourg et sortez la page pour le combat. par la R. de Vaugirard et pour les Invalides et l'Ecole Militaire par la R. de Babilone ou de Varenne et V. page 20 et 24.

Au Quartier des Halles, de la gr. Postes, du gr. Chatelet, du Sepulchre, et des F. Dieu

Sortez la page par la R. du Faubourg et voyez page 12. même R. de la gagnez le Pont S. Michel et sortez la p. par le Pont au Change voyez p. 48. meme Pont.

Au Quartier des Filles, S. Thomas, de la Grange Bateliere, et des Porcherons.

Sortez par la R. d'Enfer et voyez p. 21 même R. de là sortez par la R. Dauphine et V. p. 43. du Pont Neuf Sortez la p. par la R. Vivienne ou de Richelieu, voyez p. 37 et 38. meme Ruës

Au Faubourg Montmartre, et Nle France.

Prenez si vous voulez la Route ci devant, ou bien sortez la page par la R. du Faubourg S. Jacques voyez p. 12 meme R. de là gag. le pont S. Michel et sortez par le Pont au change V. p. 48. même Pont de là sortez la page par la R. Montmartre et V. page 56 meme R. de là V. la Nouvelle France et V. page 37 pour le Faubourg.

Au Quartier du Faubourg S. Denis, et de S. Lazare.

Sortez la page par la Ruë du Faubourg, et V. page 12 même R. de là gagnez le pont S. Michel et sortez par le pont au change V. page 48 meme pont de là Sortez la page par la R. S. Denis et V. page 56 et 57.

Au Quartier du Faubourg S. Martin et de S. Laurent.

Sortez la page par la R. du Faubourg et V. page 12 meme R. de là passez sur le petit Pont et sortez par le P. N. Dame V. p. 48. de là gagnez S. Merri et sortez la p. 49 par la R. S. Martin. V. p. 57

Au Quartier du Faubourg du Temple, et de l'hopital S. Louis.

Prenez la Route cy devant jusqu'au pont N. D. de là gagnez la R. S. Avoye et sortez par la R. du Temple et V. p. 60 et 52.

Au Quartier du P. aux Choux, des Filles du Calvaire, du S. Sacrement, et de Pincourt.

Suivez la Route cy devant jusqu'au P. N. Dame de là sortez page 49, par la V. R. du Temple. Ou plutôt lorsque vous êtes au bas de la p. 12 détournez par l'Estrapade et gagnez le pont de la Tournelle, de là sortez la page par la R. de la Culture S. Catherine V. page 60.

Au Quartier de la Place Roiale, Faubourg S. Antoine, de la Magdelaine de Trenelles, de la Manufacture des Glaces, des Picpus, &c.

Sortez la page par la R. du Faubourg et V. p. 12 de là gagnez le Pont de la Tournelle, et P. Marie et sortez par la R. S. Paul V. p. 68. de là vous pourez voir la Pl. Roiale et une partie du Faub. S. Antoine V. le reste p. 72

Au Quartier du Palais, de N. Dame, de la Pl. S. Michel, de la Pl. Maubert, de S. Jean de Latran, des Jesuites, du Faub. S. Victor de l'Isle S. Louis du Port S. Paul, de la Pl. aux Vaux, et du Port au Blé.

sortez la page par la R. du Faubourg et Voyez page 12 meme Ruë

A l'Hopital general, au Jardin du Roy, &c.

Si vous este prés St Jacques du haut Pas sortez la page par R. du Faubourg et V. p. 12. de là détournez par l'Estrapade et sortez par la R. Coupeaux ensuite V. le haut des p. 17 et 80 même R. au contraire s'il ête prés les Capucins gagnez la R. de Bourgogne et sortez par la R. d'Orleans qui est pres St Médard. ou par celle du Fer à Moulin V. p. 80.

DU FAUBOURG S. MARCEL

Au Quartier du Palais, de N. D. de la Place Maubert des Bernardins d'l'Isle S. Louis. &c.

sortez la page par la R. Mouffetard et V. page 12. et 13.

Au Quartier de la Pl · S Michel, des Cordeliers de la Comedie Françoise, des Gr. Augustins. de l'Abbaye, de S. Sulpice, de la Croix rouge, &c

Sortez la page par la R. des Postes. et V. p. 12. meme R. de là sortez par la R Hiacinthe qui est vis à vis la R de l'Estrapade, et V. p. 21. Pour les gr. Augustins on peut sortir par la R du Hurepoix.

Aux Invalides a l'Ecole Militaire et au Combat

Prenez la Route cy devant si vous estes pres S. Médard que vous suivrez jusqu'à la Croix rouge de là pour les Invalides sortez la page par les R de Varenne ou de Babilone et pour le Combat des Animaux, sortez par la R de Seve près les Incurables V. p. 25. meme R. Au contraire si vous estes pres les Gobolins descendez par la R de S. Hippolite gagnez les Capucins et prenez la Route qui va de cet endroit aux Invalides &c. C'est la meme route pr. le Clos Payen.

Au Quartier du Palais Rle. de S. Roch, de la Pl. Vendome, de la Pl. des Victoires du Louvre &c

Sortez la p. par la R. Mouffetard et V. p. 12 de là gagnez la R S Jacques et sortez par la R du Hurepoix qui aboutit au quai des Augustins V p. 21. suivez le quai et V p 43. pont neuf. vous pouvez aussi avant que d'estre à la R du Hurepoix traverser le pont S Michel détourner par la R S Louis et sortir par le quai. V. p. 43. c'est le plus court.

Au Quarier du Faubg. S. Honoré et du Roule

Suivez la Route cy devant jusqu'au Palais Rle. de là Sortez la p. par la R S Honoré et V. p. 33. et 32.

Au Quartier de la Madelaine de la Ville l'Eveque des Filles S. Thomas, des Porcherons &c.

Sortez la page par la R des Postes et V. p. 12. meme R de là sortez par la R Hiacinthe qui est vis à vis la R de l'Estrapade et V p. 21. meme R de là Sortez par la R Dauphine et V. p. 43. du Pont Neuf sortez par la R de Richelieu ou Vivienne V p. 37. et pour la Madelaine sortez par la R S Honoré et V p 36.

Au Faubourg Montmartre et Nle France.

sortez par la R Mouffetard et V p. 12. de là gagnez la place Maubert et sortez par la R S Barthelemi pres le Palais et V. p 48. du Pont au Change sortez par la R du Fauboug Montmartre et V p. 56 et 37.

Au Quarier des Halles de S. Eustache des I. Dieu des SS. Inocens et du gr. Chastelet.

Prenez la Route ci devant que vous suiverez jusqu'au pont au Change

Au Quartier du Faub. S Denis de S Lazare de S Martin et de la Paroisse de S Laurent.

Sortez par la R Mouffetard et V p. 12. de là gagnez le pont N.D. et V p. 48. de là sortez la page par la R St. Martin ou par la R S Denis V p. 5...

Au Faub. du Temple et a l'Hopital S Louis.

Prenez la Route ci devant que vous suiverez jusqu'au Pont Neuf. de là sortez page 49. par la R du Temple et V p. 60 et 52.

Au Quartier du Pont aux choux de Pincourt &c

sortez la page par les R. N. D'orleans du Fer à Moulin du Petit Moine où d'autres et V p. 80 dela sortez par la R. de Seine qui est près des N. convertis et V p. 12 meme R. dela passez sur le pont dela Tournelle et sortez par la R. S. Paul et V p. 68. Traversez la gr. R. S. Antoine et sortez par la R. Cult. S. Catherine V p. 60 ou bien suivez la R. Mouffetard tout du long et Voyez page 12.

Au Quartier de la Pl. Roiale de l'Arcenal et du Faubourg S. Antoine.

suivez la Route ci dessus ou celle dela Barriere dela R. d'Enfer, à ces endroits

DU QUART.^R DE LA RUE S. JACQ.^UES DE LA PL. MAUBERT I. N. DAME &C.

Au Quartier de S. Sulpice dela Pl. S. Michel des Chart.^x de la Croix rouge de l'Abbaye dela Comedie fr. &c.

Regardez d'abort page 21. et choisissez la R. qui vous est propre pour sortir p. 12. par exemple si vous éste près les Jesuites et que vous vouliez aller aux Augustins, vous sortirez la page 12 par la R. S. Andre ou du Hurepoix au contraire ayant afaire à la Place S. Michel il faut sortir par la R. des Cor. où par de passage des Jacobins ensuite voir page 21.

Aux Invalides a l'Ecole M.^re au Combat des Anim.^x

Suivez la Route cy dessus jus qu'à la Croix rouges et sortez p. 2. par les R. de Varenne de Babilone ou de Seve. et V. p. 21. meme Rué.

Au Quat.^r du Palais R.^le du Vieux Louvre des Thuilleries de la Pl. Louis le Gr. de S. Roch &c

sortez p. 12 par la R. du Hurepoix où par la pl. Dauphine qui est tout au haut dela page. et V p. 43. meme place. dela allez au quartier nécessaire

Au Faub. S. Honoré, du Roule et de la Madelaine de la Ville l'Eveque.

suivez la Route ci dessus jusqu'au Palais R.^le de la sortez la page par la R. S. Hononoré et V. p. 36. 33 et 32.

Au Quart.^r des Filles S. Thomas de la Grange Bateliere de l'Hotel de Richelieu des Porcherons &c

prenez la meme Route que vous suiverez jus qu'au pont Neuf. dela sortez la page par la R. Vivienne où de Richelieu V p. 37. m. Rué.

Au Q.^r des Halles de S. Sauveur et du gr. Chatelet.

sortez page 12. par le pont au change pres St Barthelemi et V p. 48.

Au Quart.^r de S. Nicolas des Champs, du Temple, de l'Hotel Soubise, de S. Meri, de l'H.^el de Ville, &c.

sortez la p. 12 par le Pont N. Dame et V p. 48. même pont. et p. 49.

Au Faub. S. Denis, de S. Lazare, de S. Martin, et de S. Laurent.

suivez la Route ci dessus jusqu'au pont N. D. et sortez p. 48 par la R. S. Martin où S. Denis V p. 57.

Au Faubourg du Temple, à la Courtille, &c.
sortez la p. par le Pont N.D. et V p. 48. delà sortez par la R. du Temple et V page 52.
Au Quartier du Pont aux Choux de Pincourt, &c.
suivez la Route ci dessus jusqu'au pont N.D. delà sortez p. 49 par la Vieille R. du Temple ou du Parc Roial V p 60 meme Rue.
Au Quart. de la Place R.le du Faub. S. Antoine &c
gagnez le pont de la Tournelle et sortez la p. 13. par la R. S. Paul V p 68
Au Quartier de l'Hopital du Jardin du Roi de la Pitie &c
sortez la p. 13. par la R. S. Victor ou p 12. par la R. Coupeaux V. p. 80

DE L'ISLE S LOUIS DU PORT S-PAUL DES GR. JESUITES &C

Au Quartier de S Sulpice, de la Pl. S Michel, des Cordeliers, de l'Abbaye de la Croix rouge, de la Comedie &c.
sortez la p. 12. par la R. S. André des Mathurins ou des Cordiers, V. p. 21.
Au Quart. du Palais R.le du V. Louvre, de la Pl. des Victoires, de S Roch, de la Place de Louis le Grand, &c
sortez la page par la R. du Martrois près S Jean et V. p. 49 et 48. de là Greve sortez la page par le quai ou par la R. S Honoré. V. p. 43. meme R.
Au Faubourg du Roule, Au Quartier de l'Hotel de Duras, Faubourg S. Honoré, &c.
suivez la Route ci dessus jus qu'au Palais R.al delà sortez p 43. par la R. S Honoré et V. page 36. et 33.
Au Quartier des Filles S. Thomas, de l'Hotel de Richelieu, de la Grange Bateliere, des Porcherons, &c.
sortez p 13 par la R. de la Tisseranderie qui est au haut de la page et qui aboutit à la Pl. Baudet V. p 49 meme R. de là gagnez S. Eustache ou l'Hotel Soissons et sortez la p. par la R. Coquiliere ou Pagevin V. p. 43. de là sortez la p. par la R. Vivienne ou de Richelieu V. page 37.
Au Quartier des Halles, de S. Eustache, de la gr. Postes, de la Comedie Italiene, de S. Sauveur, des Filles Dieu, de S. Nicolas des champs, du Temple, de l'Hotel Soubise, &c.
sortez la page par la R. du Martrois ou de Renaud le fevre et V. page 48 et 49
Au Faubourg Montmartre, et à la Nouvelle France,
sortez par la R. du Martrois et V p 48. de là Greve qui est au bas de la page gagnez S. Eustache et sortez par la R. Montmartre V. p. 56 meme R. de là sortez par la R. de la grange Bateliere et V p. 37.
Au Faub. S. Martin, S. Laurent S. Denis, et S. Lazare.
sortez par la R. de la Tisseranderie qui aboutit à la pl. Baudet et V p. 49. meme Rue de là gagnez S. Nicolas des Champs, et sortez par la R. S. Denis ou S. Martin V p. 57 pour aller à la Chapelle il faut la R. du Faub. S. Lazare jus qu'au bout V. p. 58. et pour la Villette il faut suivre le faub. S. Laurent V. p. 55.
Au Faubourg du Temple, de l'Hopital S. Louis, &c.
sortez par la R. de la Tisseranderie et V p 49 de là sortez par la R. du Temple V p 52
Au Quart. du Pont aux choux de Pincourt des Minimes &c
sortez la p. par la R. Percée V p 49. de là sortez par la R. Paienne et V p 60.

Au Quartier de la Pl. Roïale, de la Bastille, de la Porte S Antoine, du Faubourg, de Berci, du Trône &c.

Sortez la page par la R. S. Antoine et V. p. 68. m. R. pour Berci descendez le long des Fossé de la Bastille et prenez la R. de Berci V. p. 76. et pour le Trône sortez par la R. S. Antoine V. p. 72.

Au Faubourg S. Marcel, ou Marceau, Au Gobelins, &c.

sortez la page par la R. S. Victor et V. p. 80. pour l'entreé du Faub. sortez par la R. N. d'Orleans. et V. p. 7. meme R. on peut prendre le long du bord de l'eau pour aller á l'Hopital général.

Au Quartier du Faub. S. Jacques, et de l'Observatoire

Gagnez l'Estrapade et sortez par la R. du Faub. S. Jacques V. p. 6. meme R.

DU QUARTIER DE S. SULPICE ET DE LA CROIX ROUGE.

Aux Invalides, à l'Ecole Militaire, et au Combat.

Sortez la page 26. par la R. de Varenne, de Babilone ou de Seve V. p. 25.

Au Quartier du Palais R.^le du Vieux Louvre, du Pont R.^le de la Pl. des Victoires, de S. Roch, de la Pl. Vendome, &c.

Si vous êste au quartier de S. Sulpice, oú de la pl. S. Michel, sortez par la R. Dauphine: Au contraire du quartier de la Cr. rouge, sortez par la R. du Bac V. p. 42.

Au Quartier du Faub. de S Honoré, du Roule, et de la Magdelaine de la Ville l'Eveque.

prenez la Route cidevant que vous suiverez jus qu'à la R. S. Honoré que vous suiverez jus qu'au bout V. page 36. et 33.

Au Quartier des Halles de la Gr. Poste de S. Sauveur de S. Nicolas des Champs du Temple de l'Hotel Soub.^se

Sortez la page par la R. Dauphine et V. p. 43. du Pont Neuf. pour les Q.^rs de S. Merri, de l'Hotel de Ville, de l'Hotel Soubise, et du Cimetiere S. Jean. détournez par la Place Dauphine. et V. p. 46. meme place de là passez sur le Pont au change. et choisissez le plus court. Au contraire pour les autres endroits Traversez le pont Neuf, et V. p. 48.

Au Faubourg S. Denis, S. Lazare, S. Laurent, et S. Martin.

prenez la Route ci dessus que vous suiverez jus qu'au Pont Neuf. de là V. p. 48. R. de la Monoie au bout du Pont Neuf de là sortez les pages par la R. S. Denis ou S. Martin. V. p. 57.

Au Faubourg du Temple, de l'H.^l S. Louis, de Pincourt &c.

C'est la meme Route jus qu'au Pont au change. de là faite choix du plus court pour sortir p. 49. par la R. du Temple V. p. 60 et 52.

Au Quartier du Pont aux choux des Minimes et de Pincou.^rt

C'est encore la même Route jus qu'au P. au change de là S.^tez par la Vieille R. du Temple V. p. 60. si vous êste prés la Pl. S. Michel des Cordeliers ou du Luxembourg. votre plus court est de sortir par les R. de la Harpe S. Hiacinthe où par le passages des Jacobins. et V. p. 12. de là prendre la Route du Quart.^r de la R. S. Jacques à ces endroits.

A la Pl. Roïale, a la Bastille, á l'Arcenal, et au F.^g S Antoine.

sortez par la R. de la Harpe ou d'autres de ce coté là, et V. p. 12. et prenez la Route de la R. S. Jacques à ces endroits.

Aux Quartiers du Faub. S. Jacques de l'Observatoire, &c.
sortez la p. 21. par la Rüe S. Thomas ou S. Dominiques, et V. page 6. meme R. du Quartier de la Croix rouge le plus plus court est de prendre la R. du Regard et sortir la page par la R. de N.D. des Champs, V. p. 6; le chemin qui est le long du Mur, des Charteux, ce Chemin n'est beau qu'en Eté.

Aux Quartiers du Faubourg S. Marceau ou Marcel &c.
gagnez la pl. S. Michel, et sortez par la R. S. Hiacinthe V. p. 12. meme R. prenez la R. de l'Estrapade qui est vis à vis, et sortez la page par la R. des Postes V. p. 7.

Aux Q.^rs du Palais, de N. D. de la Pl. Maubert, de la R. S. Jacques, de l'Ab. S. Victor, de l'Isle S. Louis, ou de N. Dame &c.
Sortez la p. 21. suivant le quartier où vous avez de besoin. par exemple si vous avez affaire au Palais. étant à S. Sulpice ou à la Croix rouge il faut pour votre pl. court, sortir la page par la R. S. André des Arts, ainsi du reste V. p. 12.

Au Quartier du Jardin du Roy, de la Pitie, du Marché aux chevaux, de l'Hopital General &c.
Prenez la Rout ci dessus qui va au faubourg S. Marceau que vous suiverez jusqu'à l'Estrapade de là sortez la p. par la R. Coupeaux et Voyez p. 80. meme R.

DES INVALIDES DES BARRIERES DE SEVE ET DE VAUGIRARD &c.

Au Quartier de la Croix rouge, de l'Abb.^e de S. Sulpice, des Cordeliers, de la Comedie, fr.^e des Augustins, et de la Pl. S. Michel
Sortez la page 20. par les R. de Varenne de Babilone de Seve ou de Vaugirard V. p. 20

Au Q.^r du Palais R.^le de la Pl. des Victoires, du V. Louvre, du Pont Neuf, de la Pl. Dauphine, des Tuilleries, de S. Roch, et Pl. Vendome,
des Invalides prenez la R. de Varenne et sortez la page par la R. Hillerin Berton app. par le Public Rüe des Bohemes et V. le bas de la p. 29. vis à vis l'Abb. de Panthemont et sortez la page par la R. de Grenelle V. p. 20. meme R. de là sortez la p. par la R. du Bac et V. p. 42. meme R.
de la Barrieres de Seve et de celle de Vaugirard sortez la page par les R. de Vaugirard du Petit Vaugirard ou de S. V. p. 21. m. R. de là sortez la p. par la R. du Bac V. p. 42. m. R.
Pour le P. Neuf et la Pl. Dauphine au lieu de sortir par la R. du Bac choisis: le plus court pour sortir par la R. Dauphine qui est au haut de la p. 21. et V. page 43.

Au Faub. du Roule, de S. Honoré, et de la Madelaine, de la V. l'Eveq.
On peut y aller par deux chemin differents mais pas en tous tems. la P. Route est si vous estes aux barr. de Vaugirard ou de Seve, gagnez les Invalides et V. p. 21. de là descendez le long de l'avenüe et passez l'eau vis à vis la Pl. de Louis XV et sortez la p. par la R. du Chemin du Rempart ou de la Bonne Morue V. p. 33 et 36. la Seconde est de prendre la Route ci dessus que vous suiverez jusqu'au pont R.^l de là traversez les Tuilleries et sortez par la R. S. Honoré V. p. 36 et 33. vous pouvez si voulez aller le long du Quai jusqu'a la pl. de Louis XV.

Au Q.^r des Halles, de la Gr. Postes, de S. Eustache, des Filles Dieu, de S. Nicolas des Champs, de S. Sauveur, de S. Leu &c.
Sortez la p. par la R. de Varenne de Babilone de Seve ou de Vaugirard et V. p. 20 de là sortez la p. 21. par la R. Dauphine et V. p. 43. pont Neuf de là traversez le V. p. 48.

Au Faub. S. Denis, S. Lazare, S. Martin et S. Laurent.
C'est la m.^e Route que ci dessus que vous suiverez jusqu'aux filles Dieu ou S. Nicolas des Champs, de là sortez par la R. S. Denis, ou S. Martin. V. p. 57.

Aux Quartiers du Pont aux Choux, de la Rue S. Louis, au Marais, de Menil montant, de Pincourt, et des Annonciade

Sortez la p. par les R. de Vaugirard de Seve de Babilone ou de Varenne et V. p. 21. de là sortez la p. par la R. S. André des Arts et V. p. 12. de là sortez la p. par le pont N. D. V. p. 48. de là sortez p. 49. par la R. de Poitou ou par la Vieille R. du Temple V. p. 60

Au Quartier de la Place R.le, de la Bastille, de l'Arcenal, du Faub. S. Antoine, des Mousquetaires Noirs, de la Manufacture des Glaces, &c.

Sortez la p. par les R. de Vaugirard de Seve de Varenne &c. et V. p. 20 de là sortez la p. par la R. des Cordeliers et V. p. 12. R. des Mathurins de là gagnez la pl. Maubert V. pont de la Tournelle V. P. Mari et sortez la page par la R. S.t Paul V. p. 68. 69 et 72

Aux Quartiers du Palais, de N. D., de la Pl. Maubert, de la R. S. Jacques, de l'Ab. S. Victor, de l'Isle S. Louis, du Port S. Paul, &c.

sortez la page come ici dessus et V. p. 20. de là sortez la p. 21 par les R. de S. André, de la Harpe de S. Hiacinthe S. Thomas S. Dominique. V. p. 12 meme Rues

Aux Quartiers du Fauxbourg S. Jacques, et du Faubourg S. Marceau, ou Marcel, des Gobelins, de la R. de l'Oursine, &c.

vous pouvez y aller par deux Chemin differents le 1.er est de sortir la p. 26. par la R. de Vaugirard ou d'autres suivant le quartier ou vous vous trouvez V. p. 20. meme R. de là sortez la page par la R. de N. D. des champs et V. p. 6. le chemin qui va droit à la barriere de la R. d'Enfer, de là pour le faub. S. Jacques prenez la R. de la Bourbe et V. la R. du Faubourg: Pour le Faubourg S. Marcel de la R. de la Bourbe Traversez le Ch. des Capucins est descendez la R. de Bourgogne V. le reste, le deuxime: lorsque vous este sorti la p. 25 sort. par la R. de Varenne ou de Vaugirard &c. de là gagnez la pl. S. Michel et sortez par la R. S. Hiacinthe et V. p. 12 meme R. de là sortez la page par la R. du Faub. S. Jacques qui est pres la Visitation et V. p. 6. meme R. Pour le Faub. S. Marceau sortez la p. par la R. des Postes V. p. 7. meme R.

DU FAUBOURG DU ROULE ET S. HONORE

Au Quartier de la Place des Victoires, du Vieux Louvre, du Pont Neuf, du Q. des 4 Nations, des Theatres, du Pont Roial, &c.

sortez la p. par la R. S. Honoré et V. p. 36 et 42.

Au Quartier de S. Sulpice de la Pl. S. Michel de la Croix rouge.

sortez la par la R. du Faub. S. Honoré et V. p. 42. de là descendez par la pl. de Louis XV traversez le Jardin des Tuilleries passez sur le Pont Roial et sortez par la R. du Bac ou de l'Université V. p. 20. Vous pouvez pareilement suivre la R. S. Honoré et sortir la page par le pont Neuf. V. p. 21. R. Dauphine.

Aux Invalides, a l'Ecole Militaire, et au Combat des A.x

Sortez la p. par la R. S. Honoré et V. p. 42. de là passez sur le Pont R.le et sortez la page par la R. S. Dominique V. p. 39. meme R. Ou bien lorsque vous êtes au de la page 42 decscendez par la Pl. de Louis XV. et V. p. 20. meme place de là passez l'eau et sortez la p. le long du Mur les Invalides V. p. 25.

Aux Quartiers de la Rue S. Jacques, de N. D., du Palais, du F. S. Victor, de la Porte S. Bernard, de l'Isle S. Louis, et Port S. Paul

sortez la page par la R. du Faub. S. Honoré et V. p. 42. de là gagnez le pont Neuf et sortez par la place Dauphine V. p. 12 meme place de là pour l'Isle S. Louis passez sur le pont rouge. Pour S.t Paul S. Gervais. et les gr. Iesuites. il faut sortir la p. 48. par la R. S. Honoré et voir p. 48. meme R. de là sortir près l'hotel de Ville V. p. 13.

Aux Quartiers de la Pl. Roiale de l'Arcenal de la Bastille du du Faubourg S Antoine du Trône et de la Manufacture des Gl.
sortez la page par la R du Faubourg S Honoré et V. p. 36. et 42. de la sortez la p. 43. par la R S Honoré V. p. 48 meme R. de la passez devant S Merri et sortez la p. par le Cimetierre S. Jean V. le haut de la p. 12. R. Renaud lefevre de là sortez la page par la gr. R S Antoine et V. p. 68. et 72.

Aux Quartiers des Minimes, du Pont aux choux, de Pincourt &c
sortez la p. par la R du F. S Honoré et V. le bas de la p. 36 de là si vous voulez y. aller sans détour prenez le boulevart que vous suiverez jusqu'au bout c'est le plus beau et le plus long. Au contraire du bas de la p. 36. V. p. 42. de là sortez la p. par la V. R du Temple ou du Parc Roïal V. p. 60 meme R.

Aux Quartiers des Faub. S Denis, S Lazare S Martin S Laurent
sortez la page par la R du Faub. S Honoré et V. p. 36. de la prenez les Boulevart que vous suiverez jusqu'à la Porte S Denis V. le bas de la page 67.

Aux Quartiers de la gr. Poste des Halles de S Sauveur de S Nicolas des Champs du Temple de l'Hotel de Ville &c
sortez la page par la R du F. S Honoré et V. p. 42. de la Sortez la p. 43. par la R S Honoré et V. p. 46. meme Rue.

Aux Quartiers du Palais R.le de S Roch, de la Pl. de Louis le grd de la Pl. des Victoires, du Vieux Louvre, du Pont neuf, &c
Sortez par la R du Faub S Honoré et V. p 36, et 42. de là prenez le plus court.

Aux Qrs de N D. du Palais, de la R. S. Jacques, du Faub. S Victor de la Pl. Maubert, de la Porte S Bernard, de l'Isle S. Louis &c.
sortez par la R. du Faub. S Honoré et V. p. 42. R. S Honoré de là gagnez le pont Neuf et sortez par la Pl. Dauphine V. p. 12. meme Place.

Aux Quartier du Faub. S Marcel du Jardin du Roy, &c.
prenez la Route ci dessus que vous suiverez jusqu'à la Pl. Dauphine de là sortez la p. 12. par la R. des Postes pour le Faub. et pour le Jardin du Roi sortez par la R Coupeaux et V. p. 7 et 80.

Au Quartier du Faub. S Jacques, de l'Observatoire, &c.
C'est la meme Route que ci dessus, au lieu de sortir par la R. des Postes sort par la R S. Jacques et V. p. 6.

DU PALAIS R.LE ET DES ENVIRONS

Aux Q. de S Sulpice, de la Croix rouge, du Luxembourg, des Chartreux, de la Pl. S Michel, des Cordeliers, de la Comedie Fr. &c
sortez la p. 42. par la R. du Bac ou la p. 13. par le pont Neuf et V. p. 20 et 21.

Aux Q. du Palais, de N D., de la R. S Jacques, de la Pl. Maubert, du Faub. S Victor, de la Porte S Bernard, de l'Isle S Louis, &c.
sortez la p. 43. par la R. Dauphine et V. p. 12. meme Pl. de là pour l'Isle S. L. passez sur le pont Rouge qui est au dessus de N Dame.

Aux Faub. S Jacques S Marceau ou Marcel, au Gobelins, à l'Observatoire, &c.
C'est la meme Route jusqu'à la place Dauphine p. 12. de là sortez la page par la R S Jacques des Postes ou Mouffetard V. p. 6. et 7. meme R.

Au Jardin du Roy, à l'Hopital, au Marché aux Cheveaux
Suivez la meme Route du Faub. S Honoré a ces endroits.

Aux Quartiers du Faub. S. Antoine, de la manufacture des Glaces, de la Bastille, de l'Arcenal, de la Pl. Roiale &c.
Sortez la p. 43 par la R. S. Honoré et V. p. 48. meme R. de là sortez p. 49. par le Cimetierre S. Jean ou la R. de la Tisseranderie et V p. 13. de la pl. Baudet sortez la page par la R. S. Antoine et V p. 68. et 72.

Aux Quartiers des Minimes, du Pont aux choux de Pincourt &c
Sortez par la R. S. Honoré si vous estes prés le Palais Roial, oú par la R. Coquilliere, si vous estes aux environs de la Pl. des Victoires. et V p. 48. meme R. de là sortez p. 49 par la R. du Parc Roial, ou V. R. du Temple. V p. 60. meme R.

Aux Quartiers des Halles, de la Gr. Toste, de S. Sauveur, des Filles Dieu, de S. Nicolas des champs, du Temple, &c.
Sortez la p. par la R. S. Honoré, ou d'autres et V. p. 48 et 49.

Au Faub. du Temple, A l'Hopital S. Louis, et a la Courtille.
sortez la page comme cidevant et V. p. 48. et sortez p. 49 par la R. du Temple V. p. 52.

Aux Faub. S. Denis, S. Lazare, S. Martin, et S. Laurent.
Sortez la page par la R. du Mail et V p. 48. meme R. de là sortez par la R. de Clery 56

Au Quartier du Faub. Montmartre, aux Porcherons &c.
sortez la p. par la R. de Richelieu et V. p. 37. meme Rué.

Au Quartier du Faubourg du Roule et S. Honore' &c.
sortez la page par la R. S. Honoré et V page 36 et 33.

DES HALLES ET DES ENVIRONS.

Aux Quartiers de S. Sulpice de la Croix rouge, du Luxembourg, des Chartreux, de la Place S. Michel, des Cordeliers &c
sortez la p. 48. par le Pont au change ou le Pont Neuf et V. p. 12 et 43. de là p. 12 passez sur le Pont S. Michel et sortez par la R. S. André, ou de la Harpe. V p. 21 meme R. du Pont Neuf qui est à la p. 43. après l'avoir traversez V p. 21.

Aux Invalides, à l'Ecole Militaire, au C.^t des Animaux &c.
Sortez la p. 48 par le quai de la Feraille et V. p. 43. sortez la p. par le P.^t Neuf et V p. 21. R. Dauphine de là sortez la p. ... par la R. de Varenne de Babilonne, ou de Seve V. p. 26. et 24

Au Quartiers du Palais, de N. D. de la R. S. Jacques du Faub S. Victor, de la Porte S. Bernard, de l'Isle S. Louis, &c.
sortez la p. par le Pont N. Dame ou le pont au change et V. p. 12.

Au Quartiers du Faubourg S. Antoine, de la Bastille et de la Place Roiale.
Sortez la p. 49. par la R. N. S. Catherine et V. p. 60 meme Rué de là sortez par la pl. Royale qui est vis á vis, et V. p. 68. meme Place de là pour le reste du Faubourg V. p. 72.

Aux Q. du Pont aux Choux, de Pincourt &c.
Sortez la p. 49. par la V. R. du Temple ou du Parc Roial V p. 60.

Au Faubourg du Temple
Sortez la p. 49 par la R. du Temple et V p 60 et 52

Aux Faub. S. Denis S. Lazare S. Martin, S. Laurent, &c
sortez les pages par les R. S. Denis ou S. Martin V p 52

Au Quart. du Faubourg Montmartre, des Porcherons &c

sortez la p. 48. par la R. Montmartre et V. p. 56 et 37.

Au Quartier de l'Hotel de Richelieu, des Capucines &c

Sortez la p. par la R. Pagevin ou Coquiliere et V. p. 43. de la sortez la page par la R. de Richelieu ou d'autres V. p. 37 et 36.

Aux Quartiers du Faubourg S. Honoré, du Roule, &c

Sortez p. 48. par la R. S. Honoré et V. p. 43. meme R. delà, sortez par la R. S. Honoré et V. p. 36. 33. et 32.

DU FAUBOURG MONTMARTRE &c

Aux Quartiers de S. Sulpice, de l'Abaye, de la Croix rouge, du Luxembourg, des chartreux, de la Pl. S. Michel, &c.

sortez la p. 37. par la R. de Richelieu et V. p. 43 meme R. de là gagnez le pont Roiale et sortez la page par la R. du Bac ou de l'Université V. p. 20 et 21. si vous avez aff. aux Quartiers de la Comedie de la pl. S. Michel &c de la R. de R. de Richelieu gagnez le V. Louvre et sortez par le Pont Neuf, V. p. 21.

Aux Invalides, a l'Ecole Militaire, et au Comb. des Anim.x

Suivez la Route ci dessus, jusqu'au pont Roial et sortez la page par la R. Bac et V. p. 20 meme R. de là sortez la p. par la R. de Varenne ou de Seve V. p. 23. Ou bien du Faub. Montmartre qui est a p. 37 sortez la p. 36. par le Boulevart et V. p. 42. et 29. A la pl. de Louis XV. passez leau et sortez la page par la R. de Bourgogne ou le long des Invalides V. p. 25 et 24.

Aux Q.rs du Palais, de N.D. du Pont S. Michel, de la R. S. Jacques, de la Place Maubert, de S. Victor, de l'Isle N.D. ou S. Louis

sortez la p. 37. par la R. du Faubourg et V. p. 36. de là sortez la p. par la R. Montmartre V. p. 48. meme R. de là traversez les Halles et sortez par le Pont au Change V. p. 12.

Aux Quart. de la Barriere de la R. d'Enfer, et des P.P. de l'Oratoire

Vous pouvez prendre la Route ci dessus que vous suiverez jusqu'au Pont S. Michel de là sortez la page par la R. de la Harpe, et V. p. 11 meme R. passez à la Pl. S. Michel, et sortez la page par la R. d'Enfer V. p. 6. meme R.

Ou bien de la p. 37. sortez par la R. de Richelieu et V. p. 43. de là sortez la page par le Pont Neuf et V. p. 21. R. Dauphine. de là sortez par la R. d'Enfer V. p. 6. meme R.

Au Faub. S. Jacques, au Val de Grace, et a l'Observatoire

Prenez la Route ci dessus que vous suiverez jusqu'à la Pl. S. Michel p. 21. de là détournez par la R. S. Hiacinthe ou S. Dominique qui aboutit à la Rue du Faubourg S. Jacques que vous voyez dans le bas de la page V. page 12 et 6.

Au Faub. S. Marcel, a la R. de l'Oursine et au Gobelins,

Prenez la Route du Quartier de la Rue S. Jacques que vous suiverez jusqu'au haut de la page 12, près S. Barthelemi, de là passez sur le P.t Pont et Place Maubert, de là sortez par la R. Mouffetard, et V. p. 7. meme R.

Au Jardin du Roy, a la Pitie, a l'Hopital, au Marché aux Chev.x

C'est la meme Route jusqu'à la Pl. Maubert de là suivez et sortez les P.s par la R. S. Victor V. p. 30.

Aux F. S. Denis, S. Lazare, S. Martin, S. Laurent. &c.

sortez la p. 37 par la R. du Faubourg Montmartre et V. p. 36 R. de la Grange Bateliere de la V. les Faubourgs.

Aux Quartiers de la Bastile, de l'Arcenal, de la Porte et du Faubourg S. Antoine, de la Manufacture des Glaces et du Trone

sortez la page 37 par la R. du Faubourg et V. p. 56. suivez le Boulevart jusqu'à la porte S. Antoine V. p. 68. de là V. le reste du Faubourg a p. 72. C'est le Chemin le plus beau. Au contraire etant a la R. de la grange Bateliere p. 56. sortez la page par la R. Montmartre et V. p. 48. meme R. delà prenez le plus court pour sortir le bas de la p. 49. par le Cimetiere S. Jean ou par la R. du R. de Sicile V. p. 13. meme R. sortez la page par la R. S. Antoine V. p. 68. et 72. C'est le Chemin le plus court.

Au Quartier du Pont aux Choux, et des Environs.

sortez la p. 37 par la R. du Faubourg et V. p. 56. de là gagnez le Boulevart que vous suiverez jusqu'a la page 60.

Au Quar. du Faubourg du Temple, de l'hop. S. Louis &c.

C'est la meme Route pour l'entrée du Faubourg V. le haut de la p. 60. ou bien sortez la p. 37. par la R. de N.D. de Lorette et V. p. 56. meme R. de là gagnez la R. du Paradis R. S. Laurent et sortez la p. 57. par la R. des Recolets V. p. 52.

Aux Quartiers du Faubourg S. Honoré, et du Roule.

Pour aller au Faub. du Roule sortez la p. 36. par le Chemin du Roule aux Porcherons et V. p. 33. et 32. et pour le Faub. S. Honoré, gagnez la Magdelaine de la Ville l'Eveque et sortez la page par la R. de Surene V. p. 33.

DES FAUG. ST. DENIS ET ST. LAZARE.

Aux Quartiers du Faubourg du Temple, et des Environs

sortez la Page 57 par la R. des Recolets V. p. 52. meme Rue.

Aux Quartiers du Pont aux Choux, et des Environs.

sortez la page par la R. des Marais S. Martin ou par le Boulevart V. p. 48. et 60.

Aux Quartiers de S. Eustache, des Halles, du Gr. Chastelet de S. Oportune, de la Comedie Italiene, des Filles Dieu, &c.

sortez la page par la R. S. Denis de Bourbon ou de Cleri V. p. 48. mem. R.

Aux Quartiers de S. Nicolas des Champs, du Temple, de l'Hotel Soubise, du Cimetiere S. Jean, de l'Hotel de Ville, &c.

sortez la page 57 par la Rue S. Martin et Voyez page 49 meme Rué.

Aux Quartiers du Pont aux Choux de Menilmontant &c.

prenez le Boulevard que vous suiverez jusqu'a la page 60. ou bien sortez par la R. des Recolets et V. p. 52. de là sortez par la R. du Chemin de S. Denis ou de la Folie Mericour V. p. 60. meme R.

Aux Quartiers du Faubourg S. Antoine, de la Manufacture des Glaces du Trone, des Picpuce, de Reulli, de S. Marguerite,

sortez la page 57 par la R. des Recolets et V. p. 52. de là descendez par la R. du Careme prenant et sortez la page par la R. Folie Mericourt qui est au bout V. p. 60. de là suivez la R. de Popincourt et sortez par la R. Basfroi qui est au bout de la R. de Pincourt V. p. 69. meme R. de la Lune partie du Faub. et pour l'autre V. p. 72. 73. 74. 78. et 77.

Aux Quartiers de la Pl. Roiale, de la Bastille, de S. Paul, &c.

sortez la page par R. S. Martin et V. p. 49. meme R. de là sortez par la R. du Parc Roial du Coté de la R. Paienne ou par la R. N. S. Catherine V. p. 60. meme R. de là sortez par la place R.le V. page 68. meme place.

Vous pouvez etant a la porte S. Martin suivre le Boulevart jusqu'au bout V. p. 48. 60. et 68.

Au Quartier du Jardin du Roy, Al Hopital General, &c

sortez... par la R S Martin et V p. 49. meme R. de là sortez le bas de la p par le Cimetiere S Jean et V p. 13. pl. Baudet de là gagnez le pont Marie et sortez la page pour l'hopital le long du Quai S.t Bernard et pour le J. du Roy ... sortez par la R S Victor. et V page 80.

Au Quartier de l Isle S Louis, á la Porte S Bernard, &c.

C'est precisement la meme Route que vous suiverez jusqu'à page 13.

Au Quartier du Faubourg S. Jacques, á l Observatoire, &c

sortez la p. par la R S Denis ou S Martin, et V p. 49. meme R. de là prenez le plus court pour sortir par le pont N D. V p. 12. meme pont. de là sortez la page par la R du Faub. S Jacques prés la Visitation V page 6.

Au Quartier du Faubourg S Marceau, ou Marcel, &c.

C'est la meme Route jusqu'au pont N D. de là passez si vous voulez sur le p au Double ou il faut payer 3.d de là á la pl. Maubert et sortez la page par la R Mouffetard et V p. 7. meme R.

Aux Quartiers du Palais, de N D, du P.t Chastelet, du Pont S. Michel, de la Rué S Jacques, de S Genevieve et de la Pl. Maubert

C'est encore la meme Route jusqu'au pont N D. Pour le Palais et le Pont S Michel sortez p. 48. par le pont au change V p. 22.

Aux Quartiers de la Barriere de la Rué d'Enfer et des Envir.ns

Prenez la meme Route que vous suiverez jusqu'au haut de la p. 12 de là sortez la page par la R de la Harpe et V p. 21. meme R. de là sortez par la R d Enfer et V p 6. meme R

Aux Quartiers de S Sulpice, de la Croix rouge, du Luxembourg des Chartreux, de la Place S Michel, de la Comedie fr.e

sortez la p. 56 par la R S Denis et V p. 48. meme R. de là gagnez les Halles et sortez la p. par la R de la Monoie V p. 48. passez sur le pont Neuf et V p. 22

Aux Invalides, a l Ecole Militaire, au Combat des Anim.x

Prenez la Route ci dessus que vous suiverez jusqu'à la R Dauphine qui est au bout du pont Neuf V p. 22. de là sortez la p 20 par la R de Varenne de Seve ou de Vaugirard V p. 25 meme R.

Aux Quartiers du Faubourg S Honoré et du Roule.

le Chemin le plus beau est de gagner le Boulevart que vous suiverez jusqu'au bout V p 36. 33. et 32.

Aux Quartiers du Faubourg Montmartre, et des Porcherons

sortez la page 66. par la R de N D. de Lorette et V p. 37.

DU FAUB.G S MARTIN DE S LAURENT &c

Aux Quartiers de S Nicolas des Champs, du Temple, de l'Hotel Soubise, de l'Hotel de Ville, de S Merri, et de S Avoie

sortez la page par la R S Martin et V p 49 meme Rué

Aux Quartiers des Filles Dieu, de S Sauveur, des Halles, de S Eustache, du Gr. Chastelet de S Oportune, de S Leu, &c.

sortez la p. par la R S Denis et V page 48. meme Rue

Au Quartier du Palais Roial, aux 15 vingt, a la Pl. Vendome á S Roch, a la Pl. des Victoires, Au Pont Neuf, et au V. Louvre,

sortez la page par la R de Cleri ou de Bourbon et V p. 48. meme Rue de là sortez par la R du Mail R des Fossez Montmartre ou par l'H.l Soissons V page 43. et 42.

Aux Quartiers du Faubourg Montmartre, Aux Porcherons, &c.
sortez page 56. par la R. N. D. de Lorette et V. p. 37. meme Rue.

Aux Quartiers du Faubourg S. Honoré, du Roule, &c.
gagnez le Boulevart que vous suiverez jusqu'au bout et V. p. 36. 33 et 3

Aux Quartiers de S. Sulpice, de l'Abbaye, de la Croix rouge, du Luxembourg, des Chartreux, de la Place S. Michel, &c.
sortez la page par la R. S. Martin ou S. Denis V. p. 48. de là sortez la page par la R. de la Monoie et V. p. 43. pont Neuf traversez le et V. page 21 R. Dauphine

Aux Invalides, a l'Ecole Militaire, et au Combat des Anim.x
sortez la page par la R. de Bourbon, ou de Clerí et V. p. 48. meme R. de là sortez par la R. du Mail, ou des Fossés Montmartre et V. p. 43. meme R. de là prenez le plus court, pour passer sur le Pont Roial, et sortir par la R. du Bac V. p. 20 meme Rue. de là sortez la page par la R. de Varenne, de Seve, ou de Vaugirard, p. 25

Aux Quartiers du Palais, de N. D., du Petit Pont, P. S. Michel, de la R. S. Jacques, de la Pl. Maubert, de S. Severin, &c.
sortez la page par la R. S. Martin et V. p. 49 meme R. de là sortez la page par le Pont N. D. et V. p. 12 meme Pont.

Aux Quartiers de la Barriere de la Rue d'Enfer, &c.
Prenez la Route ci dessus que vous suiverez jusqu'au pont N. D. V. p. 12 de là sortez par la R. de la Harpe et V. p. 21 meme R. de là passez a la Pl. S. Michel et sortez par la R. d'Enfer V. p. 6. meme Rue.

Au Faubourg S. Jacques a l'Observatoire et au Val de Grace
suivez la meme Route jusqu'au Pont N. D. V. p. 12. de là passez sur le Petit Pont et suivez la R. S. Jacques jusqu'au bout V. p. 6. R. du Faubourg S. Jacq.

Au Faubourg S. Marcel ou Marceau, au Gobelins, &c.
C'est encore la meme Route jusqu'au pont N. D. de là gagnez la pl. Maubert et sortez le bas de la page par la R. Mouffetard V. page 7. meme R.

Aux Quartiers de l'Isle S. Louis de la Porte S. Bernard &c.
sortez la page 57 par la R. S. Martin et V. p. 49. meme R. de là sortez la page par le Cimetiere S. Jean et V. page 13.

Au Quartier de la Pl. Roiale, a la Porte S. Antoine, Aux Mousquetaires Noirs, A l'Abb. S. Antoine, a la Man.re des Glaces, &c.
Si vous estes prés la porte S. Denis, ou S. Martin, prenez le Boulevart que vous suiverez jusqu'à la porte S. Antoine V. p. 68. c'est le plus beau, sans aucun détour. Au Contraire étant prés les Recolets sortez la page par la des Reclets ou des Marais S. Martin et V. p. 52. meme Rue. de la sortez la par la Rue de la Folie Mericourt qui est au bout de la Rue du Careme prenant et V. p. 69 meme R. de la gagnez la R. de Popincourt et sortez la page par la R. Bassfroi qui est vis avis la R. de Pincourt V. p. 69. 72. 73 et 74.

Aux Quartiers du Pont aux choux de Menilmontant &c.
Prenez la Route ci dessus que vous suiverez jusqu'à page 60.

Au Faubourg du Temple, a la Courtille, et a l'Hopital S. Louis
Sortez la page 57. par la R. des Recolets ou des Marais S. Martin V. p. 52.

DU FAUBOURG DU TEMPLE.

Aux Quarters du Temple, de S. Nicolas des Champs, de l'Hotel Soubise, du Cimetiere S. Jean, de l'Hotel de Ville &c.
sortez la page 52 par la R. du Faubourg du Temple et V. page 60 et 49.

Au Temple à l'hotel Soubise, a S. Nicolas des Ch au Quartiers des Halles, &c.

Sortez la page par la R. du Faubourg du Temple et V. p. 49. et 48

Aux Q. du Palais R^le, de S. Roch, de la Pl. des Victo du V. Louvre, des 1520, des Tuilleries, et Carousel,

sortez la page par la R. du Faubourg du Temple et V. p. 60 de là détournez à droite le long du Boulevart et V. p. 49 et 57, porte S. Denis, de là sortez par la R. de Clery ou de Bourbon V. p. 48 meme R. de là sortez par la R. du Mail V. p. 43.

A la Pl. de Louis XV.

sortez la page par la R. du Fauboug et V. p. 49. de là R. du Temple prenez le plus court pour sortir par la R. S. Honoré V. p. 43. meme R.

Au Faub. Montmartre au Porcherons &c.

sortez la page par la R. des Recolets et V. p. 57 meme R. de là gagnez la R. de Paradis et sortez page 56 par la R. de N.D. de Lorette V. p. 37 meme R.

Aux Faubourg de S. Honoré et du Roule,

sortez la page par la R. du Faubourg du Temple V. p. 60 de là, prenez le Boulevart que vous suiverez jusqu'au bout V. p. 49 57. 56. 37 et 36. de là sortez la p. par la R. de Surene ou du Faubourg S. Honoré V. p. 33. et 3 Où bien étant sorti par la R. du Faubourg V. p. 49. R. du Temple de là prenez le plus court pour sortir par la R. S. Honoré V. p. 43. meme R. de la suivez la ville R. jusqu'au bout V. p. 36 et 33.

Aux Q. de S. Sulpice, de la Croix rouge, de la Comedie des Cordeliers, de la Pl. S. Michel, au Chartreux &c.

sortez la page par la R. du Faub. du Temple et V. p. 49. de là R. du Temple prenez le plus court pour sortir le bas de la p. 49. par la R. de la Monoie et V. p. 43. pont Neuf de là traversez le, et V. p. 21 R. Dauphine

Aux Invalides, à l'Ecole Militaire, au Combat des Anim^x

Prenez la Route ci dessus que vous suiverez jusqu'à la R. Dauphine V. p. 21 de là gagnez la Croix rouge et sortez par la R. de Varenne ou de Seve V. p. 2

Aux Q. de N.D. du Palais, de la R. S. Jacques de la Pl. Maubert de l'Abb. S. Victor &c.

sortez par la R. du Faub. du Temple et V. p. 49 de là sortez le bas de la p. 48 par le pont N.D. et V. page 12 meme Pont

Aux Quartiers de la Ruë d'Enfer et de l'Enfant Jesus

Prenez la meme Route que vous suiverez jusqu'au pont N.D. de là sor la p. 12 par la R. de la Harpe V. p. 21. meme R. de là sortez par la R. d'Enfer et V. p. 6. meme R.

Au Faubourg S. Jacques

C'est la meme Route jusqu'au pont N.D. de là sortez la page 12 par la R. S. Jacques et V. p. 6.

Au Jardin du Roy Au Marché aux Chevaux au Gobelins &c.

sortez la page par la R. du Faub. du Temple et V. p. 60. de là suivez le Boulevart ou la R. de S. Louis et sortez la page par la R. Payenne, ou R. S. Catherine V. p. 49. de là Sortez par la R. Pavée et V. p. 12. de là passez sur le Pont Marie et sortez la page par la R. S. Victor V. p. 80.

Au Faubourg S. Marcel ou Marceau.

Prenez la meme Route que vous suiverez jusqu'au Pont de la Tournelle de là prenez la R. des Fossés S. Bernard ensuite R. des Fossés S. Victor et sortez la page par la R. Mouffetard V. p. 7 meme R.

Aux Quartiers du Faub · S. Antoine, de S. Maguerittte, de l'Abbaye, S. Antoine, des Mousquetaires Noirs, &c.

sortez la page 52 par la R de la Folie Mericourt qui est vis avis la R du Carême prenant, et V. p. 60 même Ruë; de là sortez par la R de Basfroi qui aboutit a la R de Pincourt et V. p 69. meme Rue Pour le Trône, les Picpus &c. au lieu de sortir la p 61 par la R de Basfroi sortez par la R de la Roquette et V. p. 64. de là sortez par la R de la Muette et V. p. 72. meme Ruë

DU TEMPLE DE L'HOTEL SOUBISE &C

Aux Q. de N.D. du Palais, du Marche Neuf, de S. André des Arcs, de la Pl. Maubert, de la Ruë S. Jacques, &c.

sortez la page 48 par le pont N.D. et V. p. 12. meme Pont.

Aux Q. de S. Gervais des Gr. Jesuites, de l'Isle S. Louis, de la Porte S. Bernard, de l'Ab. S. Victor des Bernardins, &c.

sortez la p. 49. par le Cimetiere S. Jean et V. p. 13. R Renaud le fevre

Aux Q. du Jardin du Roy des Gobelins, du M. aux Chevaux.

sortez par le Cimetiere S. Jean et V. p 13. Place Baudet; de là pour le Jard. du Roi, la Pitie, le Marché aux Chevaux, les Gobelins, &c sortez par la R S. Victor V. p 80. et pour l'Hopital General de la Porte S. Bernard suivez le long du bord de l'eau V. p 68 et 60.

Aux Quartiers du Faub · S. Marcel ou Marceau &c.

C'est la meme Route que ci dessus jusqu'à la Porte S. Bernard de là gagnez la R des Fossés S. Victor et sortez par la R Mouffetard V. page 7.

Aux Quartiers du Faub. S. Jacques ;

C'est encore la meme Route jusqu'au haut de la R des fossés S. Victor de là suivez le long du Mur de S. Genevieve et sortez par la R S. Jacques V. p. 6.

Aux Quartiers des Pl. de l'Oratoire, et de la Barriere

Prenez la meme Route que vous suiverez jusqu'à S. Jacques où les Capucins

Aux Quartiers de S. Sulpice de la Croix rouge de l'Abbaye du Luxembourg de la Pl. S. Michel de la Comedie &c.

sortez page 48. par le Pont N.D. V. p 12 meme pont de là sortez la page par la R S. André des Arcs où par la R de la Harpe et V. p. 21. meme R.

Aux Q. des Invalides de l'Ecole Militaire du Combat des A.

Prenez la Route ci dessus que vous suiverez jusqu'à la Croix rouge V. p. 20 de là sortez la page par la R de Varêne, de Seve où de Vaugirard V. p. 25.

Aux Quartiers du Palais R.le de S. Roch de la Pl. Vendome de l'Hotel de la Compagnie de la Pl. des Victoires, du Louvre, &c

sortez page 48 par la R S. Honoré où d'autres de ce cotè là et V. p. 43.

Aux Faubourg S. Honoré et du Roule &c.

Prenez la meme Route que vous suiverez jusqu'au Palais Roial; de là sortez la page 42 par la R S. Honoré et V. p. 36 et 33.

Aux Quartiers des Filles S. Thomas, et de la Gr. Bateliere

sortez la page 48 par la R Coquiliere ou Pagevin et V p 43. de la place des Victoires sortez le haut de là page par la R. Vivienne V. p. 37.

Au Faubourg Montmartre aux Porcherons. &c

sortez la page 48 par la R Montmartre et V p 56. de là sortez par la R de la Grange Bateliere V p 37.

Au Faubourg S. Martin S. Laurent S. Lazare S. Denis &c.

sortez par la R S. Martin où S. Denis V p 57.

Au Faubourg du Temple, à la Courtille, et a l'Ho-
-pital S. Louis.

Sortez la page 49. par la R du Temple que vous suiverez jus q. bout

Au Quartiers du Pont aux Choux, a Pincourt, &c.

sortez la page par la R de la Corderie, de Poitou &c V page 60 ..

Au Quartier de la Place R^le a la Bastille a l'Arcenal au
Faub. S Antoine, &c.

Sortez la page par la Ruë du Parc roial ou N S. Catherine et V p. 60 meme Ruë delà sortez la page par la place Roiale et V p 68. meme place, delà V. une partie du Faubourg. dans la page 69 et l'autre partie dans les pages 72 73 et 74.

DU PONT AUX CHOUX

Aux Q. du Temple, des Filles Dieu, de la gr Poste, de S Merri de l'Hotel de Ville, de S Avoie, de l Hotel Soubise, &c.

sortez la page par la Vieille R du Temple ou d'autres V. p. 49. et 48.

Aux Q. du Faub. S Antoine, de la Manufacture des Glaces, du Trone, de S Marguerite, de la Pl. R^le, de la Bastille, et Arcenal,

Si vous estes prés le pont aux choux ou des Minimes &c sortez la page par le haut de la place Roiale qui est au bas de la page et V. p 68. meme place

Au contraire etant aux environs de Pincourt sortez le bas de la pag 61 par la R Basfroi qui est au bout de la R de Pincourt V. p 69 m. R de là pour le reste du Faubourg V. p. 72 73. et 74.

Au Faub. S Marcel, aux Gobelins, aux Jardin du Roi, et M. aux Chev^x

sortez la page 60 par la R de l'Egout S. Catherine qui aboutit a la R S. Louis V. p 68. meme R. de là traversez la grande R S. Antoine et prenez la R S Paul qui est au haut de la page 13. de la gagnez le Pont de la Tournelle de là pour le Quartier des Gobelins de S Marcel du Marché aux Chevaux, aux Jardin du Roi, &c. sortez la page par la S. Victor et V p 80.

Au contraire pour le reste du Faubourg gagnez la R des fossés S Vic-tor et sortez le bas de la page 12 par la R Mouffetard et V. page 7. m. R

Aux Q. de N D. du Palais, de la Rue S Jacques, de la Pl. Maubert, de l'Ab. S Victor, de S Etienne du Mont, &c.

C'est la meme route que ci dessus que vous suiverez jus qu'au pont Ma-rie delà pour aller a N Dame au Palais &c gagnez le pont rouge qui est au bout du Quai de Bourbon. et pour les autres endroits passez sur le pont de la Tournelle et prenez le plus court.

Au Quartiers du Faub. S Jacques, a l'Observatoire &c.

C'est encore la meme Route jus qu'au pont de la Tournelle de là prenez le plus court pour sortir le bas de la page 12 par la R du Faub. S Jacques. et Voyez 7. meme Ruë.

Aux Quartiers de la Croix rouge de S. Sulpice, de l'Abbaye du Luxembourg, de la Pl. S Michel, de la Comedie françoise &c

Sortez la page par la Vieille R du Temple ou du Parc roiale et V p 49. meme Ruë. de la prenez le plus court pour sortir la p 48. par le Pont N D et V p 12. meme pont delà sortez la page par R S André des Arcs ou de la Harpe et V. page 21 et 20.

Aux Q. du Palais Rle. de S. Roch, de la Pl. Vendome, du V. Louvre, de la Pl. des Victoires, du Pont Rle. &c

Sortez la page par la R. de Frilon ou du Parc Roiale, et V. p. 49. de là sortez page 48. par la R. S. Honoré ou Pagevin et V. p. 43. et 42

Aux Faub. de S. Honoré du Roule &c.

Prenez la Route ci dessus que vous suiverez jusqu'au haut de la p. 42 et V. p. 33

Aux Faub. S. Martin, S. Laurent S. Lazare, S. Denis, &c

Suivez le Boulevart jusqu'à la Porte S. Martin V. p. 57.

DE LA BARRIERE DU TRÔNE &C.

Aux Q. de N. D. du Palais, de la R. S. Jacques, de la Pl. Maubert, de S. Victor, de l'Isle S. Louis, des Jesuites,

Sortez la p. 72. par la R. du Faubourg S. Antoine et V. p. 69. de là gagnez la porte S. Antoine et sortez la page par grande R. S. Antoine et V. p. 13. de là prenez le plus court pour le Quartier nécessaire.

Aux Faub. S. Marcel ou Marceau, aux Gobelins, au Clos Payen, aux Quartiers de la R. de l'Ourfine, et de S. Medard

Sortez la page par la R. du Faub. S. Antoine et V. p. 69. meme R. détourné par la R. traversine que vous suiverez jusqu'au bout de là passez l'eau et V. p. 80. et p. 7. Où bien suivez la R. du Faub. S. Antoine jusqu'a la Porte. de là détourné par la R. de la petite Muse et V. p. 13. Quai des Celestins de là gagnez le pont de la Tournelle et sortez la page par la R. S. Victor et V. page 80. Où si vous voulez gagnez la R. des fossés S. Victor et sortez la page 12 par la R. Mouffetard V. page 7. meme R.

Aux Q. de S. Sulpice, de la Croix rouge, de l'Ab. S. Germain, du Luxembourg, des Chartreux, de la Pl. S. Michel &c

Prenez la Route ci dessus que vous suiverez jusqu'au Pont de la Tournelle de là prenez le plus court pour sortir par les R. de S. Hiacinthe vis avis la R. de l'Estrapade, des Mathurins de S. André des Arcs &c V. p. 22 et 20.

Au Faubourg S. Jacques, et a l'Observatoire,

Sortez la page 72. par la R. du Faub. S. Antoine et V. p. 69. de là gagnez la R. Traversine que vous suiverez jusqu'au bout. passez l'eau et V. p. 80 de là gagnez la R. de Poliveau et sortez la page par le Cloître S. Marcel et V. page 7. de là prenez la R. S. Hipolite et V. le plus court.

Où suivez la Route ci dessus jusqu'au pont de la Tournelle de là gagnez l'Estrapade et sortez la page par la R. du Faub. S. Jacques V. page 6.

Aux Invalides, à l'Ecole Militaire, et au Combat des Ax.

Prenez la Route du Trône a S. Sulpice que vous suiverez jusqu'à là Croix rouge, de là sortez par la R. de Varenne ou de Seve et V. page 25

Aux Q. du Palais Rle. de S. Roch, de la Pl. Vendome, de l'H. de la Compagnie, de la Pl. des Victoires, du V. Louvre &c.

suivez la R. du Faub. S. Antoine jusqu'à la porte V. p. 68. de là sortez la page par la grande R. S. Antoine et V. p. 13. meme Rue, de là sortez la pag par la R. Renaud le fevre et V. p. 49. le Cimetiere S. Jean, de là prenez le plus court pour sortir la page 48. par la R. S. Honoré V. p. 43. meme Rue, Pour la Place des Victoires et des environs sortez page 48 par la R. Coquiliere.

Aux Faub. S. Honoré, du Roule, et de la Madelaine, &c.

C'est la meme route jusqu'à la porte S. Honoré V. le haut de la p. 42. de là V. p. 33.

Aux Porcherons, A la Madelaine de la Ville l'Eveque

suivez la Ruë du Faubourg S.Antoine jusqu'a la Bastille; de la sortez la page par la R S.Antoine et V. p 13. meme Rue. de là gagnez la pl. Baudet et sortez par la Rue Renaud le fevre et Voyez le Cimetiere S.Jean au bas de la page 49. de là prenez votre plus court pour sortir par la R. Coquiliere et V. p 43. meme R. de là sortez la page par la R Vivienne ou de Richelieu V.p 37. On peut y aller en suivant le Boulevart Voyez le commencement à la porte S.Antoine V.p 68.

Aux Faub. S.Denis, S.Lazare, S.Laurent et S.Martin,

Gagnez la porte S.Antoine p.68. de là prenez le Boulevart que vous suiverez jusque là V.p 56. Oubien sortez la page 68 par la place R^le et V. p. 60. de là sortez par la R du Parc Roiale et V.p 49. meme R de là prenez le plus court pour sortir le haut de la page par les R de S.Denis ou S.Martin. V.p 57

Au Faubourg du Temple, et S.Louis.

Si vous estes précisement au Trône gagnez la R des Boulets et sortez par la R de la Muette et V.p. 64. meme R. de la sortez la p. par la R qui reg^e le long du mur du couvent de la Roquette et V.p. 61 de la gagnez la R de Pincourt et sortez la p 60 par la R de la Folie Mericourt et V.p 12. Au contraire étant pres l'Abbaye S.Antoine sortez la page 69 par la R Basfroi et V.p 61.

Aux Pont aux Choux a Pincourt et a Menilmontant &c.

sortez la page 69 par la R Basfroi et V.p. 61. ou par le Boulevart

DE LA BARRIERE DES GOBELIN

Au Faubourg S.Jacques, a l'Observatoire, au Val de Grace, a S.Jacques du haut Pas, &c.

sortez la page 80 par la R S.Marcel et V.p. 7 meme R de là détournez à gauche par la R Pierre Assise et gagnez la R de Bourgogne &c.

Aux Peres de l'Oratoire &c.

C'est la meme Route

AND. aux Palais, aux Qauartiers de la P. S.Jacques, et de l'Isle S.Louis, &c.

sortez la page comme ci devant et V.p 7. de la sortez par la R. Mouffetard et V.p 12.

A l'Abbaye de S.Victor, a la Porte S.Antoine, &c.

de la Barriere gagnez la R du Jardin du Roi et sortez par la R S.Victor qui aboutit à la pitié et V.p 13. meme Rue

A la Bastille, a l'Arcenal, a la Pl Roiale, au Faubourg S.Antoine, a Berci, &c.

Prenez la Route ci dessus que vous suiverez jusqu'au pont Marie, de la sortez la page par la R S.Paul et V.p. 68 et 69. Ou bien de la Barriere prenez la Nouvelle Avenuë au bout de laquelle vous passerez l'eau et V.p 68. et 69.

Au Quartier du Temple, du Cimetiere S.Jean, et à l'Hotel Soubise, &c.

C'est la meme Route jusqu'au pont Marie de là sortez la page 13 par la Vieille R du Temple ou R Pavée, ou d'autres V.p. 49.

Au Fauboug du Temple, A l'Hopital S. Louis et a la Courtille
Prenez la Route ci devant que vous suiverez jus qu'a la Vieille R. du Temple V. p. 49. de la sortez la page par la R. du Temple Voyez p. 52.
Aux Faub. S. Denis, S. Lazare, S. Martin, S. Laurent, &c
C'est la meme Route que ci dessus si non qu'il faut sortir la p. 49 par la R. S. Martin et V. p. 57.
Aux Quartiers des Filles Dieu, de S. Sauveur, de la gr. Postes, des Halles, du gr. Chastelet, de S. Merri, &c.
Sortez la p. 10 par la R. Mouffetard ou des Gobelins et V. p. 7. de la sortez la p. par la R. Mouffetard et V. p. 12. de la sortez la page par le Pont N.D. ou le Pont au Change et V. p. 48. meme pont.
Aux Q. du Palais R.[le] de la Pl. Vendome, de S. Roch, de la Pl. des Victoires, du V. Louvre, des Tuilleries, des 15.20.
Prenez la route ci dessus que vous suiverez jus qu'a la pl. Maubert de la passez sur le pont S. Michel et sortez le haut de la page par la R. S. Louis et V. page 43.
Aux Q. de S. Sulpice, de la Croix rouge, de l'Ab., du Luxembourg des Chartreux, de la Pl. S. Michel, de la Comedie &c
Sortez la page par la R. des Gobelins et V. p. 7 de la R. S. Marcel sortez la page par la R. des Postes et V. p. 12 meme R. de la sortez la page par la R. Hiacinthe qui est vis avis la R. de l'Estrapade et V. p. 21.

DE LA RUE DE L'OURSINE

Au Quartiers de la Rue S. Jacques, de la Pl. Maubert de N.D. du Palais de l'Isle S. Louis, de l'Abbaye S. Victor, &c
sortez la page 7 par la R. Mouffetard et V. page 12.
Aux Q. de S. Sulpice, de la Croix rouge de l'Abbaye, de la Comedie, des Cordeliers, de la Pl. S. Michel, du Luxembourg, &c
Sortez la page 7. par la R. Mouffetard ou la R. des Postes et V. page 12 meme R. de la sortez la page par la R. S. Hiacinthe qui est vis avis la R. de l'Estrapade ou par celle des Cordeliers, qui aboutit a la R. des Mathurins et V. page 21 meme Rue.
Aux Q. du Palais R.[le] de S. Roch, de la Pl. Vendome, de la Bibliotheque, du Roi, de la Pl. des Victoires, du Louvre &c
Sortez la page par la R. des Postes et V. page 12 de la sortez la page comme a la Route ci dessus et V. p. 21. de la sortez par le pont Neuf et Voyez page 43.
Aux Q. des Halles, des Filles Dieu, de S. Sauveur, de la gr. Postes, de la R. S. Denis, du gr. Chastelet, de S. Merri &c.
Sortez la page par la R. Mouffetard et V. page 12. de la sortez la page par le pont N.D. ou le pont au Change et V. page 48.
Aux Faub. S. Denis, S. Lazare, S. Laurent, S. Martin &c.
Prenez la Route ci dessus que vous suiverez jusqu'au pont N.D. V. page 48. de la sortez par la R. S. Martin ou S. Denis V. page 57.
Aux Q. du Temple de l'Hotel Soubise de S. Avoie du Cime. S. Jean de l'Hotel de Ville.
Sortez la page par la R. Mouffetard et V. p. 12 de la gagnez le pont de la Tournelle et sortez par la Vieille R. du Temple et V. p. 49.

Aux Q. de la Pl. Royale de la Bastille et du Faubourg S. Antoine
Prenez la Route du Faubourg S. Jacques à ces endroits.

BOETES AUX LETRES
Posées dans differents Quartiers de la Ville pour la Commodité du Public.

Une R. S. Honoré près les quinze vingt,
Une la Porte S. Honoré,
Une au Faubourg S. Honoré,
Une R. S. Honore près la R. Neuve de Luxembourg,
Une R. des petits Champs au coin de la R. de Gaillon,
Une R. de la Grange Batelieres,
Une R. Montorgueil vis avis la R. de Clery,
Une R. S. Martin au coin de la R. aux Ours,
Une au Faubourg S. Martin,
Une R. du Temple vis avis le Temple meme.,
Une R. S. Antoine pres la R. Geofroi l'anier,
deux au Faubourg S. Antoine dont l'une est pres les Enf. trouvé
Une près la Bastille,
Une R. des Blancs Manteaux au coin de la R. de l'hôme armé,
Une R. S. Louis au Marais,
Une Isle S. Louis R. des deux ponts,
Une place de Gréve
Une R. trop va qui dure prés le grand Chastelet;
Une Cloître S. Oportune,
Une dans la Cour du Palais,
Une R. de S. Severin pres la R. de la Harpe,
Une pl. Maubert près la fontaine,
Une R. S. Victor vis avis la R. des fossés S. Bernard,
Une R. Mouffetard pres S. Medard,
Une au faubourg S. Jacques près S. Magloire,
Une R. S. Jacques au coin de la R. des Cordiers,
Une Place S. Michel près le corps de garde,
Une R. de Tournon. Une à la Croix rouge,
Une a l'hotel des Mousquetaires gris,
Une R. de Bussy au coin de la R. Bourbon le Chateau.
Une R. du Bac près la R. S. Dominique,
Une R. de Seve Faubourg S. Germain,
Une R. de Bourgogne Faub. S. Germain,
Une au passage des 4 Nations,

APPROBATION

J'ay lû par ordre de Monseigneur le Chancelier un ouvrage intitulé Plan Topographique et raisonné de Paris, et je voit qui l'on en peut permetre la gravure et l'impression A Paris ce 1 Octobre 1758

Gibert

PRIVILEGE DU ROY

LOUIS par la grace de Dieu, Roy de France et de Navarre, A nos amés et féaux Conseillers les gens tenans nos Cours de Parlement, Maîtres des requêtes ordinaires de notre Hotel, Grand Conseil, Prevost de Paris, Baillifs, Sénéchaux, leurs Lieutenans Civils, et autres nos Justiciers qu'il appartiendra; Salut, Nos amés les S.r Pasquier et Denis Graveurs, Nous ont fait exposer qu'ils désireroient faire graver et donner au public, Le Plan Topographique et raisonné de Paris. S'il nous plaisoit leur accorder nos Lettres de Privilege pour ce nécessaires, a ces causes voulant favorablement traiter les exposans, nous leur avons permis et permettons par ces presentes, de faire graver le dit Plan autant de fois que bon leur semblera et de le débiter ou faire débiter par tout notre Royaume pendant le tems de dix Années consécutives a compter du jour de la datte des présentes; Faisons défenses à tous dessinateurs, Graveurs, Imprimeurs, et autres personnes de quelque qualité et condition qu'elles soient de graver ou faire graver, débiter ou faire débiter le dit Plan, d'en introdruire dans notre Royaume de gravure etrangere ni d'en faire aucun extrait sous quelque pretexte que ce puisse estre sans la permission expresse et par ecrit des dit exposans ou de ceux qui auront droit d'eux, a peine de confiscation tant des desseins, planches et Estampes que des ustencils qui auront servi a la contrefaçon que nous entendons estre saisis, en quelques lieux qu'ils soient, de trois mil livres d'amande contre chacun des contrevenans dont un tiers a Nous un tiers a l'hotel Dieu de Paris et l'autre tiers aux dit exposans ou a ceux qui auront droit d'eux et de tous depens, dommages et interests; A la charge que ces presentes seront enrégistrées tous au long Sur le régitre de la Communauté des

Imprimeurs et libraires de Paris dans trois mois de la datte d'icelles, que la gravure du dit Plan sera faite dans notre Royaume et non ailleurs, qu'avant de le mette en vente les desseins ou Estampes qui auront servi de copie a la gravure du dit Plan seront remis dans le mẽme etat ou l'aprobation y aura esté donneé ès mains de notre très cher et féal Chevalier, Chancelier de France le S.r de Lamoignon et qu'il en sera ensuitte remis deux exemplaires dans notre Bibliothéque bublique, un dans celle de notre Chateau du Louvre et un dans celle de notre t.ᵉ cher féal Ch.er Chan.er de France le S.r de Lamoignon le tout a peine de nullité des présentes; du contenu desquelles nous mandons et enjoignons de faire joüir les dit exposans et leurs ayant-causes pleinement et paisiblement sans souffrir qu'il leur soit fait aucun trouble ou empechement, voulons qu'en mettant en quellque endroit du dit plan ces mots avec Privilege du Roy ces présentes soient tenue pour duëment signifieés et qu'aux copis collationeées par l'un de nos amés et féaux Conseillers Secrétaires foy soi ajoutée come à l'original, Comandons au premier notre Huissier ou Sergent sur ce requis de faire pour l'exécution d'icelles tous actes requis et naissaires sans demander autre permission et nonobstant clameur de Haro, charte Normande à ce contraires. Car tel est notre plaisir Donné à Versailles le douzieme jour du mois de Novembre l'an de grace mil sept cent cinquante huit, et de notre regne le quarante quatrieme. Par le Roi en son Conseil.

le Begue

Registré sur le Registre 14.me de la Chambre Royalle des Libraires et Imprimeurs de Paris, N.o 428. fol. 380 conformement aux anciens réglements, confirmés par celui du 28. Fevrier 1723. et a la charge de fournir a la susdite Chambre Neuf exemplaires prescrits par l'Art. 108. du même réglement. a Paris, le 15.e 9.bre 1758.

Signé P. G. le Mercier Sindic.

www.ingramcontent.com/pod-product-compliance
Lightning Source LLC
LaVergne TN
LVHW012305170726
843503LV00002B/629

* 9 7 8 2 3 2 9 7 8 8 5 5 5 *